HOW
MANAGEMENT
WORKS

"万物的运转"百科丛书
精品书目

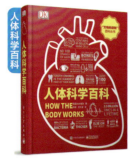

更多精品图书陆续出版，
敬请期待！

"万物的运转"百科丛书

DK企业管理百科

HOW MANAGEMENT WORKS

英国DK出版社　著

王　晋　译

電子工業出版社

Publishing House of Electronics Industry

北京·BEIJING

Original Title: How Management Works

Copyright © 2020 Dorling Kindersley Limited

A Penguin Random House Company

本书中文简体版专有出版权由Dorling Kindersley Limited授予电子工业出版社。未经许可，不得以任何方式复制或抄袭本书的任何部分。

版权贸易合同登记号　图字：01-2021-6074

图书在版编目（CIP）数据

DK企业管理百科 / 英国DK出版社著；王晋译.—北京：电子工业出版社，2022.4
（"万物的运转"百科丛书）
书名原文：How Management Works
ISBN 978-7-121-42823-4

Ⅰ.①D… Ⅱ.①英… ②王… Ⅲ.①企业管理—通俗读物 Ⅳ.①F272-49

中国版本图书馆CIP数据核字（2022）第018344号

审图号：GS（2022）740号
本书插图系原文插附地图。

责任编辑：郭景瑶　　文字编辑：刘　晓
印　　刷：鸿博昊天科技有限公司
装　　订：鸿博昊天科技有限公司
出版发行：电子工业出版社
　　　　　北京市海淀区万寿路173信箱　邮编：100036
开　　本：850×1168　1/16　印张：14　字数：448千字
版　　次：2022年4月第1版
印　　次：2022年4月第1次印刷
定　　价：128.00元

凡所购买电子工业出版社图书有缺损问题，请向购买书店调换。若书店售缺，请与本社发行部联系，联系及邮购电话：（010）88254888，88258888。

质量投诉请发邮件至zlts@phei.com.cn，盗版侵权举报请发邮件至dbqq@phei.com.cn。

本书咨询联系方式：（010）88254210，influence@phei.com.cn，微信号：yingxianglibook。

FOR THE CURIOUS
www.dk.com

混合产品
源自负责任的
森林资源的纸张
FSC® C018179

3

人员管理

4 沟通

5
自我管理

本书主要贡献者简介

菲莉帕·安德森（Philippa Anderson，顾问编辑）为商业领域的作家和传播顾问，曾为3M公司、英美资源集团和可口可乐公司等跨国企业提供咨询服务。她曾与英国石油公司前首席执行官约翰·布朗勋爵共同撰写他的回忆录《超越商海》，同时她也是英国DK出版社出版的《商业百科》和《企业运营百科》的撰稿人之一。

亚历山大·布莱克（Alexander Black）从商务沟通专业毕业后前往东京为日经新闻集团和摩根大通集团撰写文章。后来，她为亚太地区一位全球直销专家工作。她现居伦敦，写作方向为商业和文化史。

皮帕·伯恩（Pippa Bourne）是伯恩绩效公司的总监，这家公司旨在帮助组织和个人获得成功。她还是克兰菲尔德大学的访问学者，为大学的企业绩效中心提供支持。她拥有MBA学位和相关的培训证书，并拥有多年的管理经验。

理查德·里道特（Richard Ridout）是职场技能和管理变革方面的专家。他曾在公共和私营机构担任高管，行业涉及科学研究、商业地产、娱乐、政府、教育和国防。

前言

管理是一种人类的本能。孩子们一起玩耍时会扮演不同的角色，但往往少不了一个带头的人。管理学是一门商业学科，在工业革命时期走入人们的视野，当时工厂主需要最大限度地利用人力资源。现如今，管理者仍然至关重要，但他们的角色正在发生变化。虽然他们还像以前一样要让手下员工发挥最大的效用，但采用的方法不再是单单下达命令，而是提高员工的参与度，并授予他们权力。因此，对管理者而言，各种人际关系技能和专业技能缺一不可。管理者在评估员工时需要有同理心，在编制预算时则要铁面无私。他们既要牢记企业的价值观，又不能忽略利润。

出于这些考虑，要想成为管理者，就必须有耐心、适应能力和技巧。管理者还要有警觉性，也就是在跟踪项目的同时监视外部经营环境的能力，因为需求和竞争的变化可能会决定成败。从战略管理到设计思维，管理者可以使用多种方法来规划未来，但这些方法不能替代观察市场、了解消费者的需求，以及在必要时做出改变。

本书图文并茂，以通俗易懂的方式解释了管理学的不断变迁。书中讲述了管理理论的起源，通过企业、非营利性组织和政府机构的不同案例探索了管理者的各种角色。本书旨在帮助广大读者了解什么是管理，以及管理的运作方式。此外，本书还希望帮助管理者应对各种复杂的问题和改善管理风格。其中，本书第一章重在介绍管理理论，第二章解释了如何将这些理论用于实践，第三章探讨了人员管理，第四章讲述的重点是沟通，第五章讨论的是个人责任，即自我管理。

1 管理学概要

管理学的演变

随着大规模生产的出现，管理者应运而生。如今，科学技术、员工期望、客户群体和全球政治不断变化，管理者的角色也随之持续演变。

概念的提出

18世纪，经济学家亚当·斯密（Adam Smith）认识到，按任务组织劳动力可以最大限度地提高效率，他称之为"劳动分工"。19世纪，各个行业的复杂程度不断提高，人们的注意力转向通过减少劳动力的使用、简化流程并使之标准化来提高效率。

20世纪中叶，很多新的学科与管理理论融合。人们通过心理学研究工作方式，通过统计学研究过程的实施，通过工效学提高安全性及效率。

在这一时期，管理理论的全球化趋势更为显著。第二

管理学的发展历程

为了竞争和生存，企业变得愈发复杂，管理方式也在不断发展变化。最早的管理理论强调如何通过劳动力提高劳动生产率，后来的模型研究了更多促进成功的因素，员工的角色越来越重要，人们对竞争的本质也有了新的看法。

管理学的发展阶段

强调执行的阶段：20世纪之前—20世纪60年代
这一时期是大规模生产的时代，以提高生产效率、确保生产的一致性和可预测性为主。

强调专业技能的阶段：1916年—21世纪初
管理理论兴起，其特征是运用心理学等领域的理念来管理高度复杂的企业。

强调同理心的阶段：20世纪90年代至今
这一时期强调员工的敬业度、员工带来的价值，以及客户关系管理透明化的价值。

弗雷德里克·泰勒（Frederick Taylor）提出了科学管理理论，将工人视为机器。

1880

亨利·法约尔（Henri Fayol）提出了五大管理职能，将员工视为需要管理的人。

1916

1913

福特汽车公司的装配线投入使用，标志着大规模生产的诞生，生产率成为需要管理的对象。

1943

亚伯拉罕·马斯洛（Abraham Maslow）提出了需求层次理论，探讨了激励员工提高工作效率的动力。

次世界大战以后，日本在重建产业的过程中提出了新的管理思想，也站在了这一领域的最前沿。日本企业的员工大多敬业度高，有自主权，效率也很高。"精益生产"等理念被广为采用，类似的还有"零浪费"和"员工参与"。

员工的聘用

21世纪是一个加速变化的时代。科学技术日新月异，不断颠覆着当前的市场。管理不再是下命令、树威信，而在于聘用员工、建立团队、拓展人脉。这给管理者带来了机遇和挑战，他们必须跟上时代的变化才能有效地带领团队。

> "管理是通过别人完成任务的一门艺术。"
>
> 美国管理顾问玛丽·帕克·福利特
> （Mary Parker Follett）

日本制造商建立了管理模型，目的是提高质量、减少浪费和降低成本。

1950

布鲁斯·塔克曼（Bruce Tuckman）提出了FSNP模型，研究了团队形成和管理的动力。

1965

7-S模型问世，有助于管理者协调和监督组织内部的变化。

20世纪80年代

约翰·科特（John Kotter）提出了变革模型，解释了让员工参与组织变革的重要性。

1996

 强调执行的阶段：20世纪之前—20世纪60年代

 强调专业技能的阶段：1916年—21世纪初

 强调同理心的阶段：20世纪90年代至今

20世纪60年代

道格拉斯·麦格雷戈（Douglas McGregor）提出了X理论和Y理论，描述了鼓励和纪律在激励员工方面的作用。

1979

迈克尔·波特（Michael Porter）研究了竞争优势，解释了竞争力如何影响组织服务市场的能力。

1990

彼得·圣吉（Peter Senge）建立了学习型组织模型，解释了学习如何帮助组织适应变化。

2004

W. 钱·金（W. Chan Kim）和勒妮·莫博涅（Renée Mauborgne）出版了《蓝海战略》一书，解释了寻找新市场而非竞争的必要性。

管理者的角色

自20世纪末，管理者的角色和界限逐渐模糊，但管理者的基本职能，即"通过别人完成任务"，还和以往一样重要。

管理的变化

随着技术更迭和社会变革，过去那种专权的管理方式已经过时了。许多组织的层级结构逐渐扁平化，并且被跨职能团队和非正式网络所取代。零工经济的兴起意味着管理者带领的团队可能比较混杂，其中不乏正式员工、临时工和承包商；团队可能比较多元化，涵盖老中青，甚至由彼此见不着面的员工组成；工作场所并不限于办公室，人们可以在家里、咖啡馆或火车上办公；工作日也不受时间限制，人们随时可以工作。因为技术的进步，地理位置和时间不再是企业发展的限制因素。

控制或授权

管理者的工作方式也发生了变化。管理不再是自上而下的模式，员工从开始制订计划的阶段就参与进来，他们贡献想法、获取支持、建立

法约尔的五大管理职能

法国采矿工程师亨利·法约尔的《工业管理和一般管理》是一部重要的管理理论著作。这部著作概述了法约尔提出的五大管理职能，于1916年出版，并在20世纪40年代普及。这些职能至今仍然适用，只是对管理者的解读有了变化而已（参见右图）。法约尔的这部著作还有一大影响力，主要体现在他提出的管理原则上。

500万
英国管理者的数量

露西·凯拉韦（Lucy Kellaway），
《办公室生活史》，
英国广播公司四台，2013年

1. 计划

设定目标和确定方法曾经是管理者独有的职责，但现在，团队成员会全程参与规划、目标设定及行动方案的制定。

2. 组织

过去，管理者负责分配任务和拟定职责，员工几乎没有发言权。如今，管理者会授予团队成员一定的权力，组织也更重视团队协作。

3. 指挥

管理者不再使用自上而下的指导和委派模型，而更倾向于影响员工，使其协调一致，从而积极地发挥管理的作用。

4. 协调

以前，管理者需要确保员工为共同的目标而努力。如今，管理者倾向于用愿景激励员工，并以身作则。

5. 控制

管理者过去常常通过设定目标和衡量绩效来控制团队，但是现在，他们更喜欢使用持续的反馈、培训和认可来管理团队。

团队。管理者不再依靠自己的权威、命令和控制，而必须赋予员工一定的权力，从而提高并维持团队的凝聚力和动力。在这个瞬息万变的新世界，采用传统管理方法的企业躲避不了落伍的命运。它们僵化的组织结构可能会扼杀创新，在企业需要迅速做出反应或改变的时刻成为企业的绊脚石。

"做要比说更有影响力。"

美国领导力专家史蒂芬·柯维
（Stephen Covey），2008年

多元角色

随着组织文化中不断涌现出新技术和新趋势，管理者也被赋予了新的角色，同时一些传统角色正在消失。管理者不仅在商业领域居于中心地位，而且在非营利性组织中也扮演着至关重要的角色。

领导者和管理者

从传统上讲，组织的目标由领导者确定，而管理者负责实现这些目标。但是，随着工作方式的变化，现代管理者越来越离不开领导才能。

不同角色的结合

组织中领导者与管理者之间的区别反映了传统的企业结构形式，但近几年出现了一些变化。如今，组织必须适应现代的技术、沟通形式和工作方式，领导者和管理者的角色也随之发生了转变。现在，员工被视为组织内部集体创造力的源泉，对组织的成功至关重要。为了最大限度地提升团队的综合实力和绩效，管理者往往需要扮演领导者的角色。

由于现代组织的经营方式不断变化，很多专家和学者针对领导者和管理者之间的区别做了相关研究。很多研究得出了这样的结论：领导和管理之间的平衡因组织规模、复杂程度和行业而异。不过，要想成为一位高效的管理者，提升领导力必不可少。

不同的目的

组织要实现目标，领导力和管理技能必不可少。领导者为组织设定愿景，为未来的发展路径定好方向。领导者还要对机会、危机和变化做出有效的回应。管理者则负责日常管理，目的是完成某些任务，同时达到特定的标准，比如制定预算、规划工作流、关爱员工。

"领导力是一门艺术，目的是让别人心甘情愿地去做你想要做的事。"

美国前总统德怀特·D. 艾森豪威尔
（Dwight D. Eisenhower），1954年

领导力

领导者

▶ 确定总体方向
▶ 影响员工，达成目标
▶ 追求效益
▶ 鼓励变革

▶ 促进决策
▶ 凝聚员工，协调一致
▶ 建立体系，不断完善

领导、管理和变革

约翰·科特是一位顶级的管理顾问，他认为管理旨在保持组织的正常运转，而领导力旨在激励员工。管理者帮助组织应对复杂性，而领导者带领组织应对变革。随着时间的推移，组织不断演变，它对管理和领导力的需求也发生了变化（参见右图）。为了说明这些，科特用军队做了一个类比：在和平时期，如果一支军队的各个层级管理良好，辅以最高层的有效领导，那么生存便不是问题，但是在战时，军队各级都需要很强的领导力。

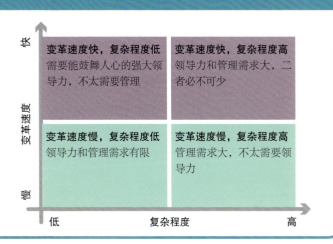

变革速度快，复杂程度低 需要能鼓舞人心的强大领导力，不太需要管理	**变革速度快，复杂程度高** 领导力和管理需求大，二者必不可少
变革速度慢，复杂程度低 领导力和管理需求有限	**变革速度慢，复杂程度高** 管理需求大，不太需要领导力

变革速度：快 / 慢
复杂程度：低 / 高

管理

管理者

➤制订详细计划
➤鼓励员工提高绩效
➤追求效率
➤应对变革

➤做决定
➤组织人员
➤确保资源适当可用

✓ 须知

➤高效的领导者会做好接受下属失败的准备，因为从失败中学习是通往成功的必经之路。众所周知，亚马逊前首席执行官杰夫·贝索斯（Jeff Bezos）在致股东的一封信中说道："如果失败的规模没有变大，那么就无法做出真正具有变革意义的发明。"

➤企业家保罗·霍肯（Paul Hawken）指出，好的管理是"一门艺术，它可以让问题变得有趣，让解决方案极具建设性，让所有人都想……处理这些问题"。

管理风格

管理者领导团队的方式受团队成员的需求和能力的影响，同时也受周围环境的影响。但是，研究表明，管理者要想激发团队的最大潜能，就应该采用特定的管理风格。

不同的管理风格

所有的管理者在管理人和事时都会有自己的风格，具体取决于管理的是哪些人和哪些事。除此之外，影响因素可能还包括当前流行的管理趋势或工作方式的改变。但是，在某些情况下，若管理者现有的管理风格并非最有效的，他们就应该改变策略。

2000年，美国"合益·麦克伯"（Hay McBer）咨询公司随机抽取了全球近4000名管理者作为研究样本，确定了六种关键的管理风格（参见右图）。《情商》的作者丹尼尔·戈尔曼（Daniel Goleman）在《哈佛商业评论》发表了一篇颇具影响力的文章《富有成果的领导力》。他在这篇文章中描述了这项研究的发现。研究表明，没有哪种管理风格一定是对的或一定是错的。成功的管理者都善于针对特定的情况变换合适的管理风格。

亲和式

亲和式管理最适合用来激发压力比较大的员工，也最适合用来解决矛盾冲突。管理者应该鼓励团队成员团结一致，并通过非正式会议让团队成员畅所欲言。

改变管理方式

在20世纪80年代之前，大多数管理者一般坐在办公室的办公桌后面，与他们要管理的员工有一定的距离。后来，在美国惠普公司的倡议下，越来越多的管理者走出办公室，与员工面对面交流，这种管理方式被称为"走动式管理"（MBWA）。近些年电子邮件的普及再次让沟通失去了人情味，因此走动式管理又重新流行起来。从本质上讲，这种管理方式认识到了非正式行为在建立关系中的重要性。比如，管理者可以在办公区域内走动，来到团队成员的办公桌旁与之进行非正式交谈，而不是把他们叫到自己的办公室里谈话。

命令式

命令式管理最适合应用于危机时期或出现紧急变化的时候。管理者会给出明确的方向，做出艰难的决定，要求团队成员严格服从指令，并对表现不佳的员工进行处分。

"归根结底，管理是一种融合了艺术、科学和技巧的实践。"

加拿大麦吉尔大学管理学教授亨利·明茨伯格（Henry Mintzberg），2013年

愿景式
愿景式管理是设定明确方向或新工作标准的有效方式。管理者应该树立引人注目的清晰愿景，让团队成员按照自己的方式自由工作、实践和创新。

辅导式
当团队成员渴望学习时，辅导式管理最为理想。管理者应该专注于培养团队成员的技能和自信心，委派有趣的工作任务，原谅他们在学习过程中犯的错误。

民主式
民主式管理最适合稳定的工作环境及管理工作经验丰富的员工。管理者应该询问团队成员的想法，在此基础上达成行动共识。

标杆式
如果团队成员能力突出、干劲十足，那么标杆式管理就是最理想的选择。管理者应该从一开始就设定高标准，并保持精力充沛及超高的敬业度和动力。

情境领导

情境领导是最著名的管理模式之一。在这种模式中，管理者会根据团队成员的能力和意愿调整自己的领导风格。

随机应变的管理者

1969年，行为科学家保罗·赫塞（Paul Hersey）和作家肯·布兰佳（Ken Blanchard）在《组织行为学》一书中提出了情境领导模型。这一模型建立在管理者与团队成员之间的关系上。根据工作任务及团队成员不同的能力和动机，管理者与团队成员之间的关系会呈现不同的形式。如果管理者的领导风格与团队成员胜任工作的程度相匹配，那么团队成员会尽其所能达成目标。

管理者需要了解每个团队成员的能力和动机。赫塞和布兰佳将这些特征定义为"绩效准备度"，并划分为

管理风格与准备度的匹配

情境领导模型将管理风格分为四种，每种风格有两个维度。一个以"任务"为导向（指导行为），一个以"关系"为导向（支持行为），两者从低到高有不同的度量。其中一种极端情况是"命令式"，管理者给出明确的方向，支持不是重点。相比之下，"推销式"和"参与式"则会为不同水平的团队成员提供支持。"授权式"指管理者退后一步，赋予团队成员更多的自由和责任。

"人不仅在做事能力上有所不同，在做事意愿上也不相同。"

保罗·赫塞，2008年

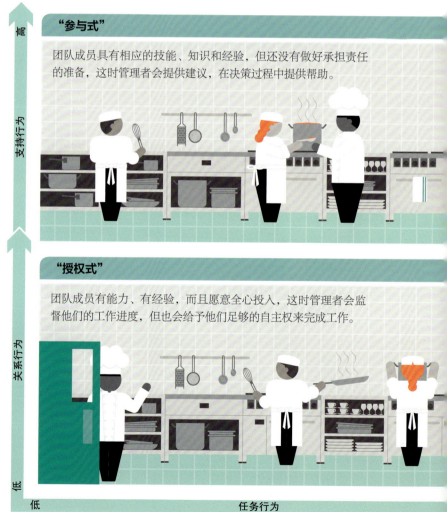

"参与式"

团队成员具有相应的技能、知识和经验，但还没有做好承担责任的准备，这时管理者会提供建议，在决策过程中提供帮助。

"授权式"

团队成员有能力、有经验，而且愿意全心投入，这时管理者会监督他们的工作进度，但也会给予他们足够的自主权来完成工作。

支持行为（高 / 低）

关系行为

任务行为（低）

四个准备度级别。

这一模型的根本原则是没有哪一种领导风格是最好的。管理者可能需要针对不同的情境调整管理风格，甚至有时需要针对同一批团队成员调整风格。举个例子，在一个新项目开始的时候或在危机发生时，管理者可能需要采取更加独断的风格，而在项目后期，团队成员已经积累了知识和经验时，管理者可以减少干预。成功的管理者可以改变自己的管理风格以适应团队所需。

✔ 须知

▶ "参与式"管理很民主，团队成员被赋予了很多责任。

▶ "推销式"管理没有那么民主，管理者会提出愿景和方向。

▶ "命令式"管理比较专制，管理者会给出明确的、权威的指示。

▶ "授权式"管理是一种放手式管理，管理者退后，让团队成员完成工作。

"推销式"

团队成员能力不足（可能是由于缺乏经验），但对工作充满热情，这时管理者会讲解手头的任务并提供支持。

方法

"命令式"

团队成员缺乏技能和信心，甚至可能不愿意接受任务，这时管理者要给他们准确的指示，并密切监督他们的工作进度。

1
2
3
4
5

指导行为　　　　　　　　　　　高

理论评估

与很多管理理论一样，情境领导模型也有优缺点，具体如下：

优点

▶ 易于理解和应用。

▶ 管理者能够根据具体情况调整管理风格。

▶ 重视个人和团队的成熟度/能力，在考虑高效领导时这一点往往被忽视。

缺点

▶ 前提是团队成员会永远跟随领导者。

▶ 可能并不适用于所有情况，比如时间短而任务极为复杂的情况。

▶ 如果管理者担任领导职务但做的却是管理的工作或权力有限，这种模型可能并不适用。

管理和权力

很多管理者有管人的权力。权力分为多种，一位优秀的管理者知道哪些权力可以授予员工，哪些权力应避免授予员工。

工作中的权力

随着开放式办公室和无固定办公桌的流行，很多传统的管理者标志，比如私人办公室，现在已经消失不见了。但是，管理者有更多微妙的方式来展示自己的权威。

权力体现在一个人与周围人的关系中。在工作中，组织的层级结构定义了不同级别的权力。所有的管理权力都有其优点和缺点。成功的管理者会本着公平和自制的态度调节自己的权力，以便更好地指导和激励团队成员。

权力的六大来源

权力能否被有效使用取决于掌权者的技能和性格、与员工的关系、要完成的任务，以及管理者角色的定义。社会心理学家约翰·弗伦奇（John French）和伯特伦·雷文（Bertram Raven）提出了五种权力。雷文于2012年在《权力的六大基础》一书中增加了第六种权力。

合法权力

合法权力是职位带来的。组织会赋予管理者指导下属工作的权力。组织可以授予、更改或撤销合法权力，因此这种权力隶属于职位而非被任命的个人。

奖赏权力

奖赏权力来自控制奖赏的能力，而这些奖赏是他人所珍视的。奖赏在他人眼中的价值越大，相关的权力就越大。在商业领域，这些奖赏包括晋升和加薪，还包括公开的认可和赞扬。

强制权力

与奖赏权力相反，强制权力指惩戒他人的权力，除了降级和解雇，还会以影响心理的形式出现。虽然这种权力在短期内可能有效，但往往会产生不满和怨恨，最终会损害绩效。

管理的众神

　　查尔斯·汉迪（Charles Handy）是《管理的众神》一书的作者，这本书出版于1995年。他借用古希腊之神来说明四种基于特定角色和价值观的管理文化。每种文化各有利弊，管理者可能会在不同企业甚至在一个企业的不同部门遇到不同的文化。

宙斯：俱乐部文化
权力集中在最高位的人手中，此人通过人际交往而非程序施加控制（例如在投资银行和经纪公司中）。

阿波罗：角色文化
权力是分等级的，职位描述中有清晰的界定，决策由高层制定（例如在人寿保险公司中）。

雅典娜：任务文化
权力来自完成一项任务或一个项目所需的专业知识，而决策由贤能的人制定（例如在广告代理公司中）。

狄奥尼索斯：存在主义文化
组织为了个人实现目标而存在，决定是在专业人士同意后做出的（例如在大学中）。

专家权力
专家权力与专业技能相关，属于个人而非他们担任的职务。能力非凡、知识渊博的管理者更有可能受到下属的尊重。不过，拥有专业知识的员工也可以赢得尊重、获得权力。

参照权力
参照权力源自管理者从团队成员和同事那里获得的信任和尊重。员工可能会以管理者为榜样，模仿他的行为方式。参照权力需要时间的积累，管理者需要了解团队成员的态度和团队文化才能逐渐获得这种权力。

信息权力
权力还可以通过控制信息获得。信息权力与特定的情况有关，而其他几种权力往往与人际关系有关。信息权力可能是暂时的。与他人共享信息后，这种权力可能会丧失。

科学管理

20世纪初，弗雷德里克·温斯洛·泰勒（Frederick Winslow Taylor）将科学管理的概念引入美国蒸蒸日上的制造业。时至今日，他的思想仍然影响着很多管理理论。

让工作更科学

弗雷德里克·温斯洛·泰勒是一名机械工程师，19世纪80年代他在美国费城钢铁厂工作时形成了自己的管理思想。他研究了工人完成个人任务的方式，并评估了这些方式会如何影响生产率，这种方法后来被称为"科学分析"。他在1911年出版的《科学管理原理》一书中总结了自己的发现。他的思想有一个基本前提，即优化任务的完成方式比强迫员工努力工作更有效。

泰勒并不重视工人的人性需求，

他认为工资是工人工作的唯一动力。泰勒表示，因为工人天生不喜欢工作，所以必须采取专制的管理风格，严密监督他们。

分析任务

泰勒认为，管理者应该将生产分成一系列的分散任务，为每项任务找到最佳的完成方法，这与当时工人普遍制定自己的"经验法则"相反。工人需要指导和培训，还需要必要的工具，以尽可能地提高工作效率。此外，管理者还应该按照他们在一定时

四大原则

泰勒通过研究提出了四项管理原则：

▶ 科学地研究每项工作，从而确定完成任务的最佳方法。

▶ 为每项任务雇用最好的员工，培训他们，使其效率最大化。

▶ 监督每个员工的表现，需要时提供指导。

▶ 划分工作，以便管理者可以制订计划、安排培训，工人可以执行任务。

案例分析：麦当劳

麦当劳是世界上最大的快餐品牌之一，每秒钟平均能卖出75个汉堡。从俄罗斯首都莫斯科到摩洛哥古城马拉喀什，各地麦当劳的食品外观和口味大致相同。从食品的准备、烹饪和包装，到清扫地板，所有门店的每个过程都遵循相同的规定。麦当劳是科学管理成功应用的见证，也是泰勒四项管理原则的明证。

管理者和员工的职责彼此分开。管理者负责监督绩效和质量，而员工负责在一线提供服务。

间内生产的产品数量支付工资，这种做法现在被称为"计件工资"模式。工人会因此受到鼓励，努力工作，最大限度地提高生产率。

20世纪初，亨利·福特（Henry Ford）将科学管理应用于汽车制造领域。福特是这样组织工人的：每个工人都以最佳的方式完成一项工作，他们不用到处走动，只要站在生产线旁即可。这种安排形式后来成为批量生产的标准。

第二次世界大战后，泰勒的思想影响了日本"持续改善"的经营哲学，该思想的核心是精益生产和消除浪费。

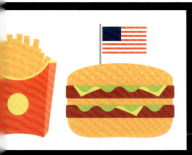

麦当劳拥有全球统一的管理体系，可以确保服务快捷、卫生和可靠。它还拥有标准化的生产线，用机器控制配料的用量和烹饪时间，以确保生产的速度和质量。

麦当劳拥有标准化的招聘和培训流程，企业目标清晰、明确。麦当劳甚至在美国芝加哥设立了汉堡大学。

"按绩效支付薪酬"的理念是一项长期激励措施，包括月度员工奖在内的嘉许计划都有助于激励员工。

"过去，人一直是第一位的；将来，体制才是第一位的。"

弗雷德里克·温斯洛·泰勒，1911年

重要原则

1916年，法国采矿工程师亨利·法约尔提出了重要的管理原则。他的著作是最早出版的管理指南之一，至今仍颇具影响力。

管理理论的开端

1916年，法约尔出版了具有开创性意义的著作《工业管理和一般管理》，当时欧美正步入快速的工业化发展阶段，专业的管理技能成为迫切所需。这部著作涵盖了法约尔提出的十四条管理原则和五项管理职能，很快成为一本被管理者广泛使用的管理指南，并为他们展示了管理日益复杂的组织所需的技能。这部著作为现代管理理论奠定了基础。尽管组织及其运营方式在20世纪发生了巨大变化，但法约尔管理原则的基本要素至今仍然适用。我们仍必须有效地完成任务，必须强调纪律，必须奖励员工。但是，为了发挥团队成员的最大潜能，管理者必须根据现代的工作方式与时俱进地应用这些原则。

原则	概述	历史应用	现代应用
劳动分工	给具有相关技能的员工分配专门的任务。	员工扮演着专门的角色，执行某一特定任务。	员工的角色更加泛化。
权力与责任	管理者被赋予与责任相衬的权力。	组织内只有管理者拥有权力。	员工被赋予越来越多的权力。
纪律	组织必须制定清晰的规则/章程，管理者以此来管理员工。	组织拥有对员工的正式控制权。	规则/章程不再像以前那么正式，同行压力逐渐成为控制来源。
统一指挥	员工应该只从一位管理者那里接受命令。	员工只向一位管理者汇报工作。	团队可能有多位管理者，尤其是在矩阵式组织中。
统一领导	对于力求达到同一目的的全部职能，只能有一项计划，只能由一个团队负责。	每项职能遵循一个计划，由一位管理者负责。	团队的结构和任务更加复杂，团队往往存在多个目标。

原则	概述	历史应用	现代应用
个人利益服从整体利益	组织目标必须优先于个人利益。	员工忠于组织。	组织和员工彼此成就。
人员的报酬	人员的报酬是其服务的价格，应该合理，并尽量使组织与其所属人员都满意。	组织采用合理的薪酬奖励制度。	员工奖励可能包括给予重视和尊重，以及金钱奖励。
集中	组织必须在集中和分散之间做好平衡。	组织采用自上而下的决策方式，没有员工的参与。	管理层针对战略/政策做出决策；员工针对特定的任务做出决策。
等级制度	权威和沟通链只能是正式的和垂直的	沟通渠道十分正式，管理结构严格等级化。	既有线性的层级结构，也有非正式的扁平结构。
秩序	组织必须提供安全的工作场所，并在合适的时间和地点提供资源。	内部信息系统用于控制流程和员工。	内部信息系统的作用是协调工作。
公平	管理者应公平对待员工，尊重员工，提高员工的忠诚度。	组织通过善意和正义赢得员工的忠诚。	员工忠诚度建立在主人翁意识的基础上。
人员的稳定	组织应提供培训和工作保障，以减少高昂的人员流动成本。	组织培训员工，以鼓励他们留下。	组织提供持续的培训和发展机会，以使员工选择留下来。
首创精神	组织应聘用既可以构思又可以实施新想法的管理者。	只有管理者可以提出并实施新的想法，员工被排除在外。	很多工作场所鼓励员工自由交流并提出想法。
人员的团结	管理者必须确保员工保持工作动力，彼此合作。	在组织内部保持高昂的士气十分重要。	人员的团结不再那么僵化；高昂的士气来自组织支持个人发挥最大潜力。

全球化管理

随着全球业务的扩展，负责不同国家业务的管理者需要了解国际市场和客户，并掌握各个地区复杂的标准、法律、文化和政治制度。

连通的世界

随着现代技术的发展，组织的全球化趋势凸显，员工和客户可以跨时区沟通。从购买商品到远程控制员工，不同级别的管理者可能都要负责海外业务。大企业可能有不同的专业经理人，比如负责提高全球协作效率和竞争力的业务经理、全权负责当地市场的区域经理，以及负责培训技能和传授专门知识的职能经理。这些人在全球经理的监督之下，由全球经理负责协调。

无论是否在组织内部工作，管理者都必须了解当地的商业环境。远程联系时，管理者必须确保当地的团队成员有种密切相连的感觉。虚拟会议应该在大家都方便的时间举行，邮件通信必须一清二楚，所有的问题应得到及时解决，所有的成功都应该得到庆祝。

文化和意识形态

研究一个国家的文化和意识形态有助于管理者了解当地的商业道德和惯例，这在他们开展业务和指导当地团队时非常有用。

语言

良好的沟通至关重要。有时候，组织可能需要聘请口译人员来协助沟通。另外，也可以通过翻译技术确保员工理解关键的文件。

全球管理

跨国组织需要了解不同国家的民族文化、相关法律和地方习俗，这样可以让运营更加顺畅，避免违反当地的法律法规，同时确保取得更大的成功。处理当地问题时保持敏感性也是达成交易的关键。

国际金融

管理者需要知道不同国家之间的货币兑换对利润有何影响。汇率波动可能是需要考虑的问题，货币管制可能会限制货币的流动。

> "国际管理者会调和文化困境。"
>
> 跨文化理论家方斯·特龙皮纳尔斯（Fons Trompenaars），2000年

官方机构和监管标准

不同国家的商业惯例往往不同。比如说，管理者应该知道在当地推行某项计划是否需要政府批准，同时必须确保遵守相关的地方法规。

政治和法律制度

如果管理者了解不同国家的政治和法律制度，就可以利用政府的投资激励政策，避免因税法或劳动法不同而遇到问题。

时区

联系不同时区的同事和团队时，要设立统一的时间表，这有助于保持高效运营。在大家都方便的社交时间进行网上互动、沟通进展，可以鼓舞士气、营造友好的氛围。

文化敏感性

与见不着面的团队或另一个国家的客户和业务主管保持良好关系的能力，对于管理者来说至关重要。为了避免出错，管理者需要对不同的文化习俗和细微差别有深入的了解。一个小小的手势可能就会打动海外客户，赢得竞争优势。

语言

学习一些当地的语言是一种展现友好的礼貌做法。如果长期驻扎外地，能说一口流利的当地语言就再好不过了。说话时要吐字清晰，以免造成误解。

非语言交流

在美国，大拇指和食指圈在一起表示"OK"，但是在巴西却有鄙视对方的意思。在许多文化中，用手指指着别人是很无理的表现。再比如，点头的意思可能是"继续"而非"认同"。

风俗习惯

从吃饭时不能发出声音到餐具的使用，不同的文化有不同的餐桌礼仪和饮食习惯。从韩国的海胆到墨西哥的蚱蜢，不同国家的特色食品也可能会引发混乱。

时间观念

不同国家有不同的时间观念。尽管有些国家和地区喜欢严格遵守时间，但有些地方却没有那么严格。在时间观念不那么强的国家，谈判的进度可能会慢得多。

尊重

尊重他人才能赢得他人的尊重。在职场上，每个国家和地区尊重他人的表现形式会有细微差异，了解这个对处理职场关系至关重要。

战略管理

战略管理是一个连续的过程。在这个过程中，管理者为组织指明总体方向、设定目标、分配资源，以实现长期目标。

分析、计划、执行

在20世纪60年代之前，"战略"一词主要与战争和政治有关，与商业无关。因为彼得·德鲁克（Peter Drucker）和布鲁斯·亨德森（Bruce Henderson）等管理顾问的影响，战略管理逐渐发展为一门学科。他们认识到组织从当前的状态发展到更理想的

状态需要一个过程。这一过程始于信息和分析，以及有关外部因素的重要知识，这些因素共同影响着战略的制定和实施。

管理者在确定组织拥有何种选择之后，可以根据对组织能力的了解来选择长期目标（战略）。为了促进战

略的成功实施，员工需要被安排到最适合的位置上，去了解客户、竞争对手和市场信息。

如今，战略管理是一个令人兴奋的领域。全球化和技术正不断驱动创新，为洞察力强、适应性强、有远见卓识的个人提供机遇。

案例研究：小松集团

小松集团创立于20世纪20年代，是日本的一家建筑设备制造商。在遭受重大的损失之后，集团于21世纪初改变了战略管理方法。它把目标瞄准了竞争对手卡特彼勒，建立了成为全球领军企业的愿景，管理者以此激发员工的进取心。

1 创建战略意图

小松集团的管理者在确定需要做出改变之后，分析了当前的情况，明确了集团的目标。为了实现成为全球领军企业的愿景，小松集团需要"包围"或者挑战其主要竞争对手卡特彼勒。

2 制定战略

接下来，管理者想出了实现长期目标的战略。他们的战略阐述了如何获得新客户、如何降低成本、如何提高竞争力，以及如何在更大的市场中分散业务风险。

3 实施战略

扭转小松集团命运的第三阶段是实施长期战略。管理者加强了组织和领导能力，并实施了"小松之道"，即一套员工需要遵守的价值观。

运营环境

21世纪，越来越多的外部因素会影响企业运营环境，从而影响战略决策，因此战略管理变得愈发复杂。

外部因素可能包括快速变化的技术、环境问题、地缘政治风险，以及国内和国际上的立法差异。举个例子，在英国，购买塑料袋需要交少量税款，但孟加拉国和肯尼亚等国家却严禁使用塑料袋。

▶ 全球商业正在被重塑，具体的促进因素包括颠覆性技术的出现、从产品驱动到客户驱动的需求转变、自动化程度的提高、在线购物引发的零售模式改变，以及离岸或外包工作能力的变化。

▶ 因为人们对气候变化、空气质量和塑料污染的担忧，可持续性发展成为战略考虑的首要因素。全球很多制造商在重新考虑包装问题，希望做到可回收利用，减少对资源的使用需求。

▶ 全球业务必须考虑到地缘政治，因为存在遇到恐怖主义、供应链中断及国家治理方式不同等风险。

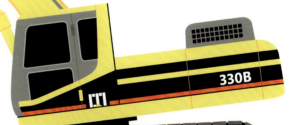
卡特彼勒
330B

"战略的本质在于选择不做什么。"

美国学者迈克尔·波特，1980年

4 评估战略
战略管理是一个持续的过程，小松集团的管理者一直践行着"今天的成功并不预示着明天的成功"这句话。他们继续评估战略，继续创新，继续衡量并改进集团的全球体系。

风险管理

管理就是制定决策，而所有决策都涉及风险。管理者可以制订风险管理计划来定义和分析风险，从而更轻松地应对突发事件。

应对风险

每种类型的企业都会面临风险，从自然灾害、事故到法律责任，再到金融市场的不确定性及竞争对手的破坏行为，风险可以说是多种多样的。制订风险管理计划的第一步就是风险评估。

首先，列出组织已知的所有风险。然后，根据风险发生的可能性及其对组织的影响程度，为每种风险分配权重。权重最高的风险要优先处理，并制定相应的解决方案。风险发生的可能性不单单取决于以往的绩效，还取决于组织环境的变化程度和将来可能发生的变化。风险监控至关重要，方式多种多样，比如定期检查、不断更新、将风险管理纳入组织文化，它可以确保管理者和团队成员有效应对风险，发现机会。

风险分析的第二部分是拟定风险响应计划，其中管理者和团队成员共同确定应对特定风险应采取的措施。

✔ 须知

▶ 很多组织会指派一位公认的、有能力的人负责风险评估，此人的能力可以用首字母缩略词"KATE"表示，即知识（Knowledge）、意识（Awareness）、培训（Training）、经验（Experience）。

▶ 要想确定现有风险及可能受到影响的人，可以查看员工事故（或未遂事故）记录或疾病记录。

降低风险

风险响应计划有助于管理者决定是否规避风险，或将风险降至最低，还是接受风险。它包括三个主要元素：情境（风险环境）、评估过程（风险评估），以及如何监督所采取措施的效果（风险监测）。有了风险响应计划，管理者就可以分配资源以应对风险，并与相关人员进行有效沟通。

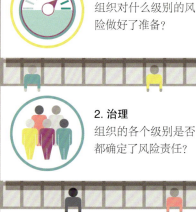

风险环境

1. 准备
组织对什么级别的风险做好了准备？

2. 治理
组织的各个级别是否都确定了风险责任？

3. 流程
是否建立了发现新风险变化的程序？

风险有多大?

　　风险的重要性各不相同，从小风险、常见问题到罕见的灾难性事件，这些风险可能会让组织面临崩溃甚至倒闭。风险评估通过检查每个问题发生的可能性及对组织的影响，为其分配风险权重。应当优先考虑破坏性最高、发生可能性最大的风险。这样做的目的是将每种风险的可能性和影响控制在尽可能低的水平。

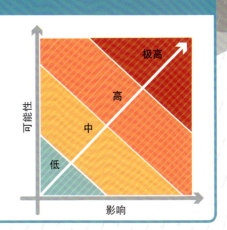

风险评估

4. 框架
是否做了涵盖所有潜在风险的风险分析?

5. 战略
风险对组织战略有何影响?

6. 降低
是否建立了适当的程序来降低风险?

风险监测

7. 度量
组织的风险值可以衡量吗?

8. 组织
风险是否已在组织上下得到了充分传达?

9. 文化
风险报告是否在各个级别得到了持续推行?

> "不可能的事永远不会发生，这是一个伪命题。"
>
> 德国数学家
> 埃米尔·尤利乌斯·贡贝尔
> （Emil Julius Gumbel），
> 1958年

人力资源管理

组织需要合适的人力资源来交付产品和服务。人力资源经理的责任是为特定岗位吸引、培训并培养合适的人才。但是，随着员工期望的变化，人力资源经理的角色也将发生变化。

角色变化

人力资源经理需要招聘、培训、评估并激励员工，但是在现代化的工作场所，他们履行职责的方式已经发生了改变。这项工作的传统职责仍然保留着，从吸引并选择合适的人才到员工离职，人力资源经理要参与员工工作周期的每个阶段。此外，他们还必须处理安全、出勤和福利等事宜。但是，不断变化的劳动力模型带来了新的挑战。除了组织内部无处不在的变化，就业模式也在发生变化。零工经济正在崛起，自由职业者可以根据自己完成的每份零工或工作获得报酬。

灵活的虚拟办公室大批出现，在办公室办公与在家办公之间的界限已经模糊，团队互动因此发生了改变。不同年代的员工汇集在一起，加之不同的期望和职业道德，职场变得愈加复杂。管理者越来越意识到，80后、90后拥有不同的工作态度和目标，到2025年这些人占全球劳动力的比例将达到75%。人力资源经理需要了解他们的期望并做出回应，比如他们喜欢团队合作、强调工作与生活平衡的重要性、渴望快速的职业发展。

焕然一新的人力资源

人力资源经理的角色已经发生转变，他们现在更具前瞻性。人们希望他们可以提前很久预见到员工的需求，进行战略性思考，培养现有员工。

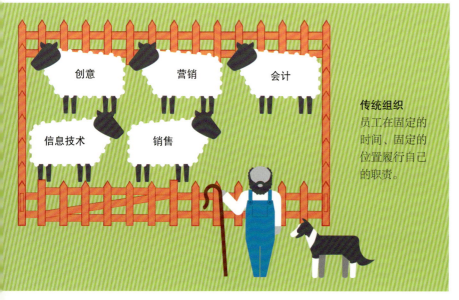

传统组织
员工在固定的时间、固定的位置履行自己的职责。

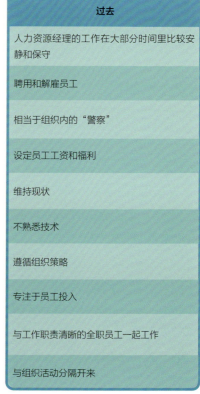

过去
人力资源经理的工作在大部分时间里比较安静和保守
聘用和解雇员工
相当于组织内的"警察"
设定员工工资和福利
维持现状
不熟悉技术
遵循组织策略
专注于员工投入
与工作职责清晰的全职员工一起工作
与组织活动分隔开来

员工价值主张（EVP）

人力资源经理必须成功调动员工的积极性。员工价值主张指企业作为雇主所提供的一系列与众不同的福利。福利和金钱奖励已经不足以吸引并留住重要人才，因为它们排在其他价值观之后，比如职业道路和灵活工作。在所有价值观中，最重要的是自豪感和使命感。

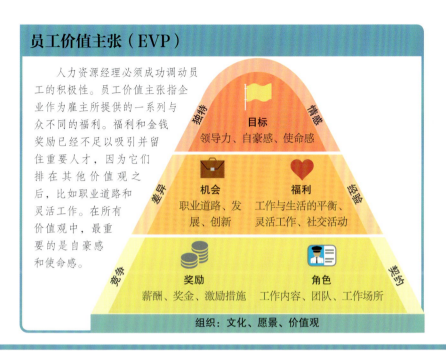

目标
领导力、自豪感、使命感

机会
职业道路、发展、创新

福利
工作与生活的平衡、灵活工作、社交活动

奖励
薪酬、奖金、激励措施

角色
工作内容、团队、工作场所

组织：文化、愿景、价值观

独特 情感 差异 经验 竞争 契约

> "工作不再仅仅是为了谋生，还要创造生活。"
>
> 管理理论学家彼得·德鲁克，2012年

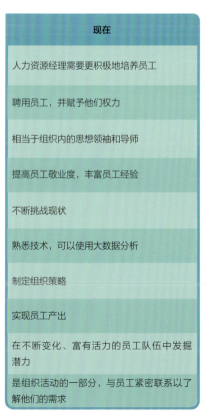

现在
人力资源经理需要更积极地培养员工
聘用员工，并赋予他们权力
相当于组织内的思想领袖和导师
提高员工敬业度，丰富员工经验
不断挑战现状
熟悉技术，可以使用大数据分析
制定组织策略
实现员工产出
在不断变化、富有活力的员工队伍中发掘潜力
是组织活动的一部分，与员工紧密联系以了解他们的需求

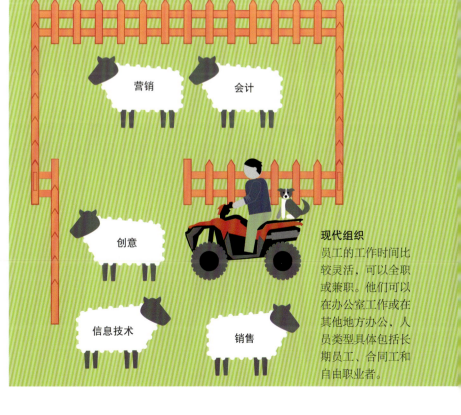

营销　会计　创意　信息技术　销售

现代组织
员工的工作时间比较灵活，可以全职或兼职。他们可以在办公室工作或在其他地方办公，人员类型具体包括长期员工、合同工和自由职业者。

财务管理

财务是企业的命脉。无论产品或服务有多么好，如果没有健全的财务制度，企业都不会蓬勃发展。

顺利运营

所有管理者都需要了解财务管理，因为他们的大多数决定会以某种方式影响公司的财务状况。财务管理涉及记录保存、报告、计划、预算、实施财务控制，并确保财务在决策过程中的重要作用。

财务管理者的主要关注点是资金如何流入组织（通过销售、筹款或贷款等融资途径），以及如何流出组织（通过购买物资、发放工资、分配利润和投资等）。小公司的财务管理者负责监督整个过程，而在大公司，这项工作由财务部门负责。无论公司规模如何，财务管理者都必须着眼于大局，并了解决策短期和长期的潜在影响。此外，查看日常支出也至关重要。现金流是财务状况的一个关键指标，财务管理者必须时刻关注现金流。企业运营失败的一个主要原因就是缺乏足够的资金来支付租金和工资等基本支出。

投资新项目

汉娜是一家小型私企的财务经理，公司的主营业务是制造家具。她正在审核一个用回收材料制造椅子的项目。市场需要环保产品，工厂还有空置的空间。为了确保这个项目赢利，她需要做一些重要的事情。

✓ 须知

- ▶资产指组织拥有的所有具有财务价值的东西。
- ▶负债指所有债务，比如借款和贷款。
- ▶资产负债表相当于组织在特定日期的一张快照，上面列出了资产和负债。
- ▶损益表是列出了销售和成本的财务报表，用于计算毛利润和净利润。
- ▶盈亏平衡点指总收入等于总成本时的销售数量或销售额。
- ▶利润指税收及其他款项抵扣后的净收入。

想法

用回收材料制造环保椅子。

财务控制

汉娜通过风险管理和损益表评估项目的短期和长期赢利能力。

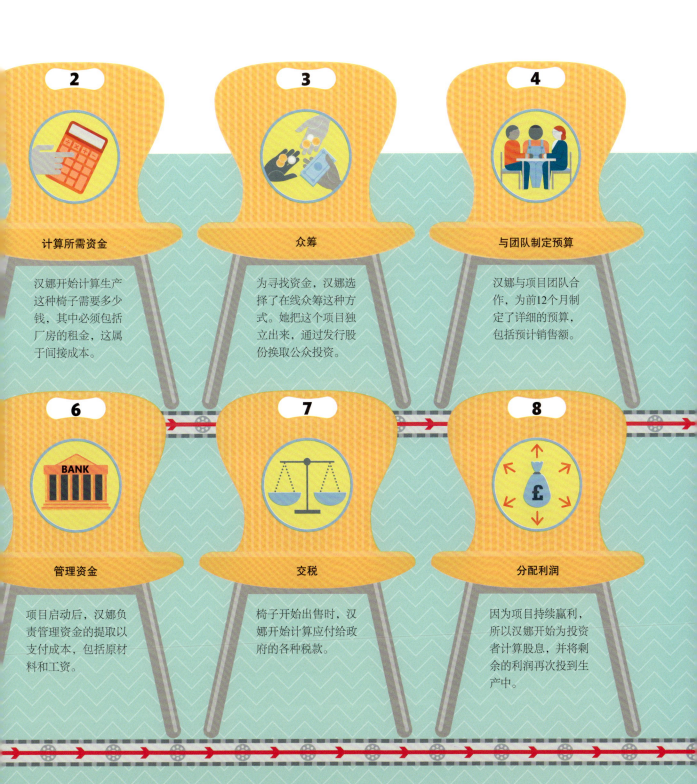

2

计算所需资金

汉娜开始计算生产这种椅子需要多少钱，其中必须包括厂房的租金，这属于间接成本。

3

众筹

为寻找资金，汉娜选择了在线众筹这种方式。她把这个项目独立出来，通过发行股份换取公众投资。

4

与团队制定预算

汉娜与项目团队合作，为前12个月制定了详细的预算，包括预计销售额。

6

管理资金

项目启动后，汉娜负责管理资金的提取以支付成本，包括原材料和工资。

7

交税

椅子开始出售时，汉娜开始计算应付给政府的各种税款。

8

分配利润

因为项目持续赢利，所以汉娜开始为投资者计算股息，并将剩余的利润再次投到生产中。

运营管理

组织内部的运营管理包括计划、组织、改进用于生产商品或提供服务的体系。大多数大型组织会专门设立运营经理这个岗位。

首要角色

运营经理的工作跨越多个部门和行业。他们致力于用最有效的方式利用资源，尽可能高效地将物料和劳动力转化为商品和服务，从而实现利润最大化。他们管理着组织的核心职能，包括生产、制造或服务的提供。他们的职责可能包括日常管理和战略管理，涵盖组织内的各种活动。

制造业的运营经理，比如馅饼厂的运营经理，负责原材料的输入，并监督从生产到产品输出的所有阶段。服务业的运营经理，比如航空公司的运营经理，需要监督流程，包括物流和工程体系。

无论什么行业，良好的运营管理是组织获得成功的关键。运营管理可能会因人工智能和自动化而发生转变，服务业尤其如此。

过程管理

萨莉是一家素馅馅饼厂的运营经理。她的职责包括劳动力的协调和原材料的使用。从制作馅饼到控制质量，再到按照严格的规格贴上标签，还有之后的派送，她要确保每个环节顺利进行。

输入

身为运营经理，萨莉负责监督原料、设备和人力的供应和有效使用。

过程

萨莉负责检查流程、改进系统和保持质量，从而为组织的持续成功做出贡献。

产品还是服务？

对于运营经理来说，制造商品与提供服务的区别如今已经不那么清晰了。现在，许多制造商会为其生产的产品提供服务，反之亦然。新技术进一步模糊了制造和服务之间的界线。以亚马逊为例，它既是服务提供商，同时也制造、销售自有品牌的产品。

制造商	服务提供商
有形产品	无形产品
有存货	无存货
客户接触程度低	客户接触程度高
反应时间长	反应时间短
资本密集型	劳动密集型

✓ 须知

> "一次就做好"指在运营管理中避免错误的发生，这比发现问题再解决问题更有益，成本效益更高。

> 有效产能指组织由于延迟、物料管理和质量问题等限制，在一段时间内能够实际完成的最大工作量。

输出
萨莉还负责履行订单，在时间和成本等方面达成目标。

质量管理

不管生产产品，还是提供服务，管理者都要确保团队的产出达到规定的质量标准。

达到预期

一般来说，东西好不好，消费者一看便知。消费者支付的价格越高，期望的质量就会越高。以买车为例，人们对劳斯莱斯的质量期待肯定要高于对宝马迷你的期待。对于组织而言，质量管理的关键在于确保产品或服务的质量达到或超过客户的期望。组织会设置标准，并检查每个阶段是否达到要求，以此进行质量管理。以制造业为例，从原材料到达工厂，到生产过程，再到成品交付给客户之前，整个过程的每个阶段都需要质量管理。

质量至上

过去，质量是通过定期检查来管理的。如果在检查时发现产品有缺陷或服务不佳，组织就会进行纠正，并且最好在消费者意识到问题之前完成。

如今，质量管理已经成为组织内所有工作的核心。每个流程都会得到监控，以保持组织期望的质量水平，这样做的主要目的就是使产品或服务

让消费者满意

全面质量管理将客户放在首位，将质量定义为满足或超出客户的期望。组织内部的所有人都有义务确保达到这些质量标准。

达到设定的质量标准是一个涵盖整个组织的连续过程。

根据客户对所提供产品或服务的满意度来设定质量标准。

包括客户反馈在内的数据和分析会推动质量的提高。

的质量超出客户的期望。"企业的长期成功取决于客户满意度"这一理念被称为"全面质量管理"（TQM），它起源于20世纪50年代的日本。所有员工都致力于改善产品、服务、流程和组织文化。

零缺陷

20世纪50年代，菲利普·克劳士比（Philip Crosby）在美国马丁公司担任质量工程师时提出了"零缺陷"的概念。他在1979年的畅销书《质量免费》中写道，质量无关好坏，而是要第一次和以后的每一次都达到既定要求。管理者负责制定标准，并确保产品符合标准。克劳士比承认人都会犯错，但他认为，如果组织宽容错误或是认为事情可能会出错，那么它在质量上很可能会做出妥协。问题应该重在预防而非解决。

✔ 须知

➤按照克劳士比的估计，如果组织对缺陷或错误表示谅解，那么纠正这些错误而不是一开始就避免错误的出现，可能会导致20%至35%的收入损失。

➤在制定明确的要求时，管理者应将工作视为一系列可产生预期结果的过程。

➤提高质量可能会增加利润。

确保客户对最终产品或服务满意是组织的核心目标。

管理者负责按照既定标准衡量质量是否达标。

"高质量绝非偶然，而是才智和努力的结果。"

19世纪社会思想家约翰·罗斯金（John Ruskin）

信息技术管理

　　信息技术（IT）经理负责监督IT系统和资源，以确保它们跟上时代，保证成本效益。

工作场所中的技术

　　IT经理的首要任务是确保组织的信息系统有效且高效地运行。信息系统包括计算机、网络、移动技术、人员等有形资源，也包括软件、数据等无形资源。在大型组织中，IT经理向信息主管或首席信息官（CIO）汇报工作。首席信息官处于组织的核心位置，确保任何新计划都拥有所需的IT支持。

　　如今，很多IT经理会参与数字化变革，也就是将新的数字技术融合到组织的方方面面。在数字化刚刚兴起时，很多组织的数字业务模型建立在以前的纸质化基础之上。现在，越来越多的IT经理选择用云计算服务代替传统模型，比如传统的硬件。这一过程的关键在于预测这些新技术对未来的工作场所会产生哪些影响。

日新月异的世界

　　信息技术是一个快速发展的领域，各种创新不断涌现，比如数字平台、人工智能、云计算、物联网，以及企业资源规划（使用软件来管理日常业务）。更重要的是，通过数字技术，组织能够捕获并存储大量敏感数据，网络安全因此成为人们日益关注的问题，它也是IT管理的一个重要方面。

云计算
一般来说，IT预算的三分之一会用于云计算服务。组织利用云计算存储数据，并通过互联网获取计算能力。

物联网

　　物联网（IoT）指通过技术使物物相连，它改变了IT经理的角色。通过智能家居控制中心，人们现在可以使用智能手机来控制家中的一切，包括照明、厨房用具等。现在，物联网正为商业领域带来变革，它可以提供智能数据，实现自动化，这需要更多技艺娴熟的专业人士，而且可以实现远程工作。随着IT成为产品不可或缺的一部分，IT经理面临的消费者期望将越来越高。

数据
全球90%的数据创建于2016年至2018年之间。现在，每天产生的数据量约为25亿千兆字节。

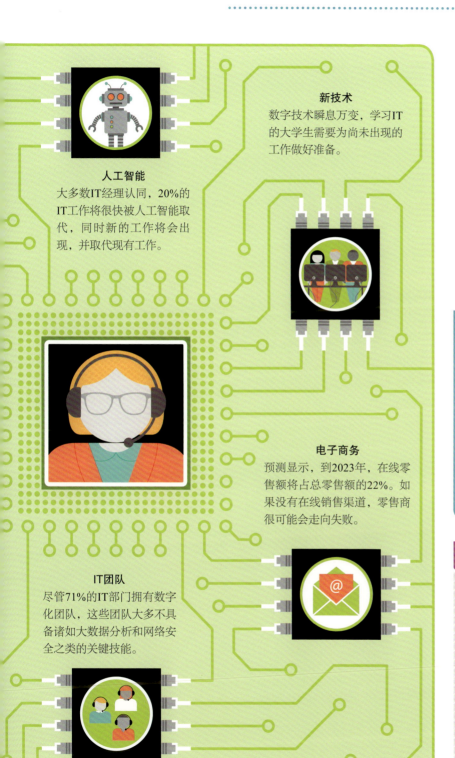

人工智能

大多数IT经理认同，20%的IT工作将很快被人工智能取代，同时新的工作将会出现，并取代现有工作。

新技术

数字技术瞬息万变，学习IT的大学生需要为尚未出现的工作做好准备。

电子商务

预测显示，到2023年，在线零售额将占总零售额的22%。如果没有在线销售渠道，零售商很可能会走向失败。

IT团队

尽管71%的IT部门拥有数字化团队，这些团队大多不具备诸如大数据分析和网络安全之类的关键技能。

2020年，全球在IT上的支出约为**5**万亿美元。

国际数据公司，2020年

变革的动力

研究公司高德纳于2018年进行的一项调查显示，首席信息官的角色正在发生变化。随着网络安全、大数据和人工智能等新领域变得越来越重要，IT交付管理占用管理者的时间越来越少。造成这种变化的动力是数字化和技术创新的发展。

✓ 须知

▶ 大数据指巨量资料，规模大到常规分析工具难以处理的程度。

▶ 网络空间是世界有限互联技术的一个虚拟概念。

▶ 商业智能（Business Intelligence, BI）使用分析技术将数据转换为信息，目的在于帮助制定业务决策。

营销管理

不管推广的是产品，还是服务，营销经理都需要了解消费趋势，并有效地使用技术来影响目标受众。

正确传递信息

营销对任何组织都必不可少，它在销售产品、提供服务和表达自己方面扮演重要的角色。大公司可能拥有专门的营销经理，但在小公司，负责品牌或产品营销的人可能会兼任广告和公共关系的工作。

营销经理的职责因部门而异，可能包括调查研究、分析数据、策划营销活动、拟定社交媒体计划，以及协调团队成员完成这些任务。数字技能至关重要，技术和全球市场已经改变了营销方式，现在，线上销售通常是主要的销售方式。

在决定如何推广和销售产品时，管理者可以利用各种数字工具来确定目标市场、评估竞争对手、找准趋势、监控客户反馈，并预测未来的销售。但是，客户也并非站在数字化的门外，网上评论会对其产生影响，因此营销经理必须密切关注可能影响销售的社会因素。

达成目标

在这个瞬息万变、竞争激烈的世界，营销经理所扮演的角色是动态的，他们需要具备洞察力和趋势意识。营销经理可以使用各种营销工具来实现重要的目标。但是，这些工具必须被正确使用。如果使用不当，可能会破坏营销活动和干扰销售。

大数据分析
使用最新技术（包括用来分析海量数据的人工智能）研究消费者的见解和消费趋势。

客户终生价值
评估客户销售潜力的价值，以此指导市场营销和忠诚度计划的投入。

病毒式营销
鼓励客户通过社交媒体网站传播营销活动，从而吸引大量受众。

网红营销
赞助网红，向在社交媒体上关注他们的人推广产品或服务。

订阅经济
通过订阅（而非购买）为客户提供产品或服务。

营销工具

用户好评
消费者可以随意在网上发来评论。好评会促进销售。

趋势意识
消费者价值变化很快。组织必须跟上趋势，才能时刻了解消费者价值。

环保意识
消费者的环保意识越来越强，因此组织需要打造绿色环保的形象。

清晰的品牌
消费者会购买他们相信的品牌。品牌必须在产品密集的市场中脱颖而出。

伦理政策
很多消费者喜欢与善待员工和供应商的组织打交道。

信任
消费者只会与他们信任的组织打交道，而组织可能会因服务质量差或营销误导而失去消费者的信任。

营销目标

直销
使用针对性强的电子邮件和社交媒体来确定消费者的兴趣和需求。

✔ **须知**

➤ 4P是营销计划的关键组成部分，包括产品（Product）、渠道（Place）、价格（Price）和促销（Promotion）。

➤ 行动召唤（Call to Action，CTA）是一种旨在立即引发响应或销售的营销计划。

➤ 集客式营销通过微妙的品牌、社交媒体、相关的网站内容吸引消费者使用产品或服务。

➤ 推播式营销通过电视和广告牌等传统渠道瞄准客户。

"消费者正在生活的各个方面寻求平衡，包括人与技术之间的平衡、品牌与个人之间的平衡，以及整体与局部之间的平衡。"

营销记者帕梅拉·N.丹齐格（Pamela N. Danziger），2019年

数字化管理

数字技术在开发新的流程、产品和服务及如何与他人建立联系等方面拥有巨大的潜力，但组织必须对其进行管理。

拥抱变革

数字技术在大多数组织中必不可少，并且必须得到有效的管理。在有些组织中，数字技术是信息技术（IT）的一部分，而在另一些组织中，数字技术通过社交媒体渠道的管理与营销紧密相连。这一领域的管理者需要了解数字技术的潜能，以便将其运用在组织的各个领域。比如，使用社交媒体营销商品或吸引客户，通过分析数据找到提高赢利能力的方法。

参与制定组织数字化战略的管理者，应该认识到自己在商业计划中的作用——他们更适合启动新技术，并解释这些技术与员工的相关性。现在，很多团队包括不同年代的人，有些员工可能难以跟上数字化变革的步伐，但成长在数字时代的员工可以轻松地适应这些技术。因此，打破传统的层级结构，在团队中任命数字化领导者，将有助于实现变革。

数字世界

总人口 76.76亿

独立手机用户人数 51.12亿

社交媒体活跃用户人数 34.84亿

网民人数 43.88亿

✔ 须知

▶ 数字化转型指使用数字技术来提高效率、加快流程，并创造新的商机。

▶ 数字策略是组织应用数字技术提高现有业务的一项行动计划。管理者在组织内的数字技术集成中起着至关重要的作用。

▶ 信息通信技术能够让组织处理、存储和共享大量数据。

数字世界

在过去的20多年中，数字技术彻底改变了人们的日常生活。越来越多的人通过网络工作、购物、订票、打游戏和听音乐。大多数人用移动电话而非固定电话进行通信往来，全球近一半的人在用社交媒体。数字化管理者必须把握这些机会，为营销谋划，吸引不断增长的全球受众。

> "数字化的核心是决策应变，衡量标准是变化发生到有效对策的时间。"
>
> 《工业企业的数字化转型》
> （IBM商业价值研究院报告）

全球数字渠道支出

时尚美容

5249亿美元

电子产品和媒体

3926亿美元

食品和个人护理

2095亿美元

家具和家电

2725亿美元

玩具、DIY和爱好

3862亿美元

旅游（包括食宿）

7507亿美元

数字音乐

120.5亿美元

电子游戏

705.6亿美元

移动社交媒体用户人数

32.56亿

全球社交媒体平台

	Facebook	YouTube	瓦次普（WhatsApp）	微信	照片墙	推特	领英
类型	社交媒体和网络服务	视频分享网站	智能手机即时通信应用程序	即时通信应用程序、社交媒体和移动支付应用程序	照片和视频共享社交网络应用程序	新闻和社交网络应用程序	针对专业人士的社交网络
全球月活跃用户人数	24.1亿	19亿	15亿	10亿多	10亿	3.21亿	3.03亿

（来源：服务提供商，2019年）

项目周期

除日常业务外，组织可能还要承担项目。项目一般属于临时性特定工作，每个阶段都需要进行管理。

启动阶段
- ▶确定需求
- ▶确定要实现的目标

项目管理

项目是为实现特定目标而创建的一系列任务。项目的目标可能是交付新产品或服务，或者是实施业务上的一项变革。项目与日常工作不同，因为项目有始有终，并且必须在一定的期限内完成。有些项目规模小、成本低、周期短，有些项目则是跨越数十年、价值数十亿元的庞大事业。

项目经理负责项目的日常运行、组织资源并监督项目团队。

项目经理必须运用一系列技能来指导项目的每个阶段，直到在预算范围内按时达成预定的目标。

计划由与目标相关的一系列项目组成。计划中的每个项目均由一位项目经理负责，所有项目都受计划经理（可能是高级主管）的指导。在大型项目中，项目经理可能会受到项目委员会的监督。项目委员会通常由多位高级主管组成，他们是项目的既得利益者。

项目阶段
项目由项目经理监管，包括启动、计划、执行和移交几个阶段。

 须知

- ▶瀑布式项目管理方法包括制订详细的计划和进度表，以及完成项目后进行移交。
- ▶敏捷项目完成速度快，按部分交付。
- ▶项目产出指项目的直接交付成果，通常是产品或服务。
- ▶项目成果指项目随时间的推移所带来的更广泛的影响。
- ▶项目范围指所商定的项目产出、成果和收益。
- ▶范围蠕变指项目范围扩大，这是一个不被希望看到的结果。
- ▶铁三角指范围、成本和时间的限制。

"项目管理是组织前进的引擎。"

项目审计公司总监乔伊·古姆兹
（Joy Gumz），2012年

计划
计划由一系列项目组成，计划经理负责保证计划按部就班地进行。

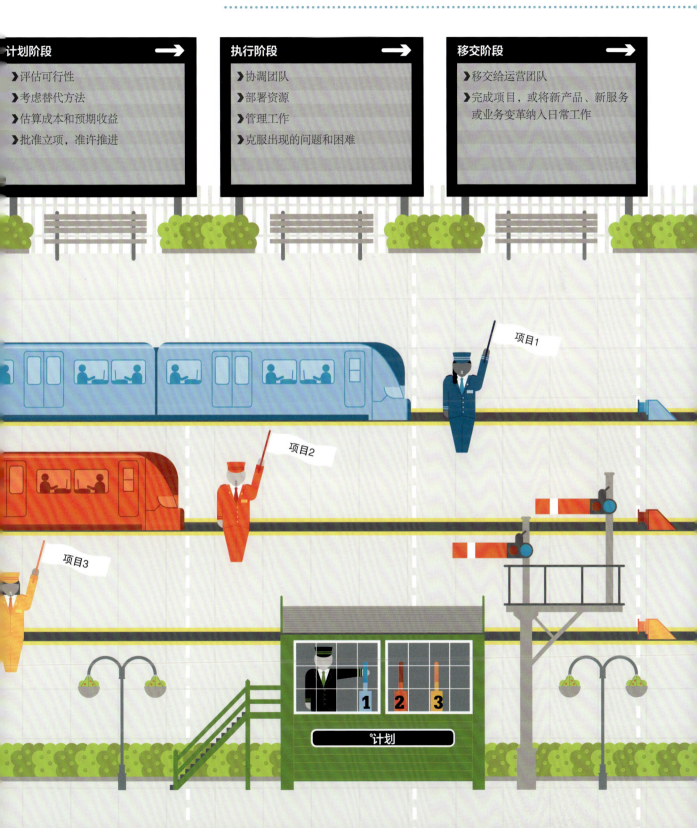

计划阶段 ➡
- ➤ 评估可行性
- ➤ 考虑替代方法
- ➤ 估算成本和预期收益
- ➤ 批准立项，准许推进

执行阶段 ➡
- ➤ 协调团队
- ➤ 部署资源
- ➤ 管理工作
- ➤ 克服出现的问题和困难

移交阶段 ➡
- ➤ 移交给运营团队
- ➤ 完成项目，或将新产品、新服务或业务变革纳入日常工作

项目1

项目2

项目3

1 2 3

计划

2

组织管理

组织的类型

组织不可能孤立运转。管理者需要了解他们可能会遇到的不同类型的组织，因为这些组织可能会成为其未来的合作伙伴、客户、竞争对手或用户。

不同的部门，不同的目标

组织分为三大类：为个人或股东谋取利润的私营部门；为公众利益服务的公共部门；非营利组织，比如慈善机构和社区经营项目。不管在哪种类型的组织中，管理者的核心工作都是监督员工、最大限度地提高效率和生产率，以及设定和实现目标。正如以利润为导向的私营部门期望获得最大的投资回报一样，公共部门和非营利组织也努力从他们的倡议中争取最佳的结果。因此，一个成功的管理者不管从事哪个行业，都会发现自己的用武之地。

尽管不同类型的组织拥有不同的目标，但它们通常会彼此合作，共享专业知识或资源。例如，私营部门可能会与公共部门签约以提供公共服务，而非营利组织可能会向两者提供专业知识。但是，组织之间也可能会产生冲突，比如，私营部门反对公共计划，或者非营利组织反对私营部门的行为。为了获得成功，组织的管理者必须在必要时与其他组织进行有效的协作，同时还要意识到潜在的冲突，并具有处理冲突所需的技能。如今，组织在不断变化，不同领域之间的界线也越来越模糊，私营部门和公共部门之间的公私合作也十分普遍，很多大型非营利组织涉及商业运作。对于管理者来说，这种趋势意味着更多的机会。

公共部门
公共部门包括提供公共服务的政府资助机构，它们不以营利为目的，反而会为自己的支出寻求价值。

须知

▶ 有限公司由持股投资者拥有；公开有限公司（PLC）在股票交易所公开交易股票；私营有限公司（LTD）没有公开交易股票。

▶ 社区利益公司（CIC）与慈善机构不同，但也追求特定的社会目标，并且不寻求利润。

共享资产和风险

跨部门合作日益广泛，可能涉及多个组织，关系十分复杂。每个合作伙伴都想从合作关系中获得不同的东西，如果管理不善，可能会导致冲突。同样，尽管每个组织都想为合作项目贡献资产和专业知识，但它们也可能会给其他合作伙伴带来风险。举个例子，2018年，英国私营设施和建筑集团卡利莲（Carillion）宣布破产，英国政府因和这个集团建立的公私合营关系而损失了1.8亿英镑。不少重大的公共基础设施项目也因卡利莲的破产而停滞。

600亿英镑
2018年英国公私合作的估
计价值

拉吉维·夏勒（Rajeev Syal），

《卫报》，2018年

私营部门
私营部门包括由个人或股东拥有的组织。从个体贸易商到国际大企业，私营部门范围很广，它们的目的都是为所有者或投资者赚取利润。

公私合作（PPP）
公私合作是公共部门与私营部门之间达成的一种合作，用于提供服务或资产。

合作项目
很多非营利组织与公共部门和私营部门合作，从而确保获得资金和资源，并提高公众知名度。

非营利组织
非营利组织包括由信托公司持有的组织，比如慈善机构和公共计划。它们使用筹集的资金来资助各项活动，并为雇员发放工资。

结构的演变

组织的结构决定了决策在哪里制定。建立组织结构的最终目的是以最有效、最快捷的方式满足客户的需求。

结构类型

组织内部及组织之间存在着各种各样的结构，很多组织不得不进行重组以适应工作环境的变化。越来越多的组织在逐渐改变传统的层级结构，创建更扁平化的结构，比如矩阵结构，从而加快决策速度。此外，临时协作也越来越普遍，临时协作常采用虚拟组织的形式。

一个传统组织具有两个广泛的功能：一是交付功能，包括研发、销售、市场营销、运营和供应；二是支持功能，包括财务、信息技术和人力资源。一般来说，每个功能会分解为不同的部门，每个部门由不同的负责人管理。部门又进一步划分为由经理监督的团队。这就是说，传统的组织结构是层级式的，由一系列汇报关系构成，命令由上至下传达。例如，团队经理向部门经理汇报工作，部门经理向总监汇报工作，总监向首席执行官汇报工作。即使是由多个不相关公司组成的集团，通常也会有一个母公司，母公司的首席执行官总领子公司。

不过，并非所有组织都具有简单的层级结构。在矩阵结构中，汇报关系呈网格状。员工通常被划分为不同的团队，负责项目交付，并向项目经理汇报工作。同时，他们也是特定部门的一分子，因此他们也必须向相关经理汇报工作。

"在现代社会，组织要想存活，必须具有将变革作为基本前提的组织结构……"

塞氏公司首席执行官里卡多·塞姆勒
（Ricardo Semler），1995年

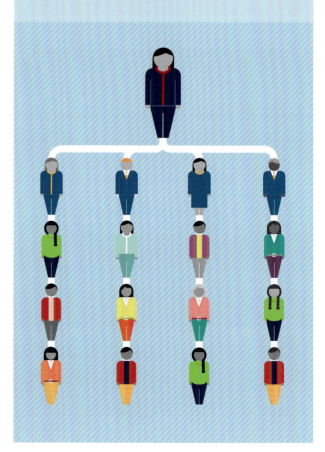

层级结构
传统的组织结构是由汇报关系组成的层级结构，其中首席执行官居于顶端，其次是总监，然后是经理，再是团队，团队成员人逐层向上汇报工作。

虚拟组织

　　虚拟组织由不同的独立组织组成，这些组织通常为了生产某种产品或提供某种服务而聚集在一起。英国政府的项目领导力计划（Project Leadership Programme）就是一个例子。克兰菲尔德大学、PA咨询集团和项目学院（Project Academy）这三个独立的组织将各自的教学、教练、IT资源和设施集中起来，为公务员提供发展计划。

矩阵结构

在矩阵结构中，员工分别有两条汇报线，一是向职能部门负责人汇报，二是向项目经理汇报。在这种结构中，员工可以参与各种短期项目，同时保持与职能部门的关系。

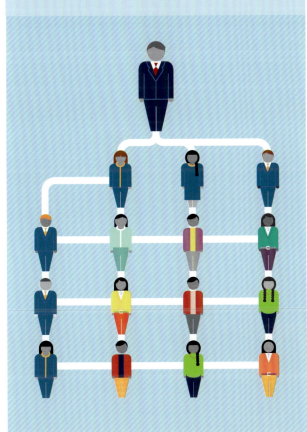

星形模型

　　为了解释为何如此众多的组织无法仅仅通过更改结构来提高绩效，美国组织理论家杰伊·加尔布雷思（Jay Galbraith）创建了星形模型。他认为，组织结构应该以组织的战略或长期目标为指导，而且应该与组织流程（信息的分发方式）、奖励（激励员工接受组织战略或长期目标）和人力（拥有合适的员工会让组织朝着理想的方向发展）融为一体。

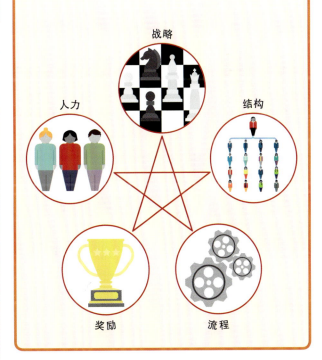

战略

人力

结构

奖励

流程

✓ 须知

▶ 组织结构决定了组织的管理方式。它展现了决策的层级结构，每个员工在其中都有合适的位置，同时也适合信息在不同层级之间进行传递。

▶ 垂直整合的组织拥有自己的供应链，自己管理产品的每个阶段，因此能够迅速适应变化。

赢得支持

确定组织的宗旨，即目的、价值观和道德标准，在赢得员工、用户和客户的支持上起着至关重要的作用。

发表宣言

要想获得成功，管理者需要使组织内的员工和组织外的各方支持组织的战略。这意味着组织必须显现出自己的价值，它所代表的东西必须是大家能够相信的，并且是愿意为之努力的。管理者要想实现这一目标，一个有效的方法就是发表使命宣言。使命宣言是一份公开声明，用于解释组织的主要业务和选择这些业务的原因。使命应该具有吸引力，并且易于记忆。例如，谷歌的使命是：集世界之信息为世人所用。

为了支持使命宣言，管理者还可以提出愿景。提出愿景的目的是展现一个场景，以概述组织在实现使命的基础上期望实现的未来目标，即长期目标。愿景通常具有打动人的力量，它描绘了组织踏上的征程，管理者希望员工可以投身其中。为此，组织还可以发表价值观宣言，以说明组织在这段征程中将会坚持的价值观。价值观通常包括道德和环境承诺，比如它将如何对待员工、供应商和自然资源。

这些共同构成了组织对相关个人和集体的承诺。这些承诺必须是可以实现的，组织要积极兑现，这一点很重要。

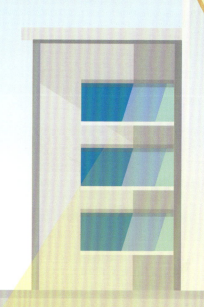

集中注意力

就管理者而言，使命宣言具有双重优势。从外部看，它构成了组织形象和品牌的一部分，会吸引志趣相投的人，包括员工、客户和投资者。它还会提醒现有的利益相关者这代表着什么。从内部看，这是向员工重申组织战略、鼓励员工为之努力的有效方法。它还有助于提醒员工想起组织对他们做出了什么承诺，从而增进他们对组织的信任感。对管理者而言，有效的使命宣言就是组织及内部人士的指路明灯。

使命宣言
使命宣言回答了我们做什么、我们是谁，以及我们为什么做这些。

"组织与你同在，我们拥有共同的信念。"

案例分析

优步科技公司

　　优步科技公司成立于2009年，希望通过简单的打车软件重塑约车行业。作为一个成熟行业的新星，优步科技公司既需要吸引司机，也需要吸引客户。

▶ 使命：让出行如自来水般可靠，无处不在，随手可及。

▶ 愿景：我们让世界运转，我们创造机遇。

▶ 价值观：做正确的事，别无其他。

"你为什么要作为公司而存在？你存在的令人信服的理由是什么？"

乐高首席执行官约尔延·克努斯托普
（Jørgen Knudstorp），2017年

愿景宣言

愿景宣言描述了我们未来的目标，
也就是我们要踏上的征程。

价值观宣言

价值观宣言是我们在征程中会如
何对待他人和地球的承诺。

组织文化

组织文化是组织个性的反映。创建并维持积极的组织文化可以大大提高员工的士气和态度。

正确的组织文化

工作场所的文化源于组织内部发生的一切。从内部讲，文化影响着员工之间的互动方式，影响着他们的生产力和动力，影响着他们对待客户的方式。从外部讲，我们可以直接或间接地看到组织文化。比如说，组织文化可以从组织展示自己形象的方式上直接体现出来，也可以从组织行为所带来的声誉上间接体现出来。有很多因素会影响组织文化，但并非所有因素都在管理者的直接控制范围内，比如更高级别的决策。尽管如此，管理者还是应该尽可能地创建一种最适合组织职责范围的文化。比如说，一家高科技公司的成功取决于快速决策和创新，而对一家监管机构来说，检查事实和研究政策才是至关重要的，这两种组织的管理者可能要创建完全不同的组织文化。此外，管理者还应该考虑员工的需求，因为人们对不同组织文化会有不同的回应方式。不过，消极的组织文化总归是要避免的。

创建组织文化

组织文化会随着时间的推移而变化，而且受诸多元素的影响，比如组织的价值观、员工的管理方式，甚至工作环境。管理者必须了解这些因素，才能有效地塑造并维持所需的组织文化。

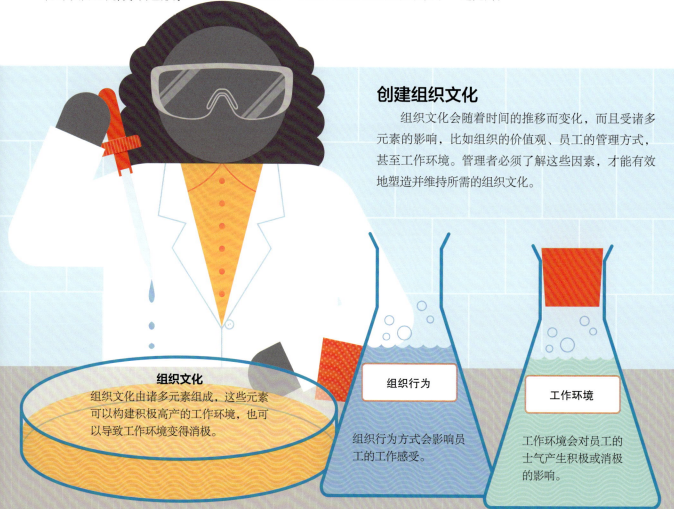

组织文化
组织文化由诸多元素组成，这些元素可以构建积极高产的工作环境，也可以导致工作环境变得消极。

组织行为
组织行为方式会影响员工的工作感受。

工作环境
工作环境会对员工的士气产生积极或消极的影响。

组织文化的种类

查尔斯·汉迪是爱尔兰管理理论家、组织行为学的权威人士。20世纪90年代，他定义了四种不同类型的组织文化，分别是基于权力、角色、任务、个人的文化。对组织而言，每种文化都有利有弊。管理者要了解组织内存在的文化类型，塑造或利用组织文化，使其适合员工和组织的目标。此外，如果组织文化发生任何变化，管理者必须与员工沟通，鼓励他们认同新的组织文化。

权力文化

少数人拥有权力和影响力。组织可以迅速做出决定，但组织的成功在很大程度上取决于负责人的能力。没有权力的员工可能会感到沮丧，感觉受到了排斥。

角色文化

一个人可以拥有的权力和影响力取决于其在组织结构中的角色。组织决策和适应新情况的速度可能会很慢。重视结果和控制力、拥有雄心的员工可能会感到沮丧。

任务文化

崇尚任务文化的组织看重团队合作的统一力量。员工会被派去执行不同的项目，然后组织进行重新部署，把他们派到最需要的地方。员工必须灵活应变，拥有较强的适应能力。

个人文化

每个人都有权力，组织存在的目的是让技艺娴熟的个人实现自己的目标。设立专家或顾问是这种文化的典型特征，他们在组织内拥有一定程度的自主权。

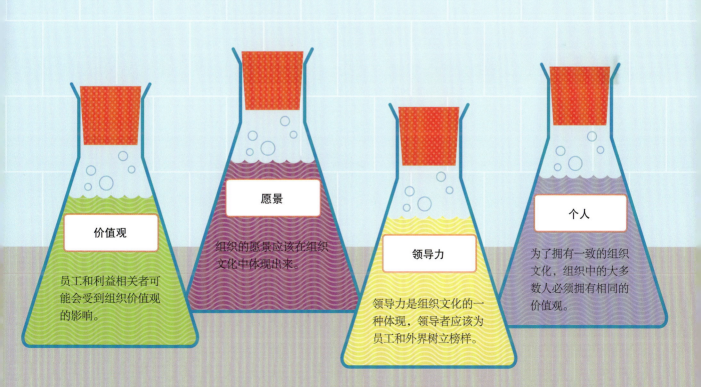

价值观

员工和利益相关者可能会受到组织价值观的影响。

愿景

组织的愿景应该在组织文化中体现出来。

领导力

领导力是组织文化的一种体现，领导者应该为员工和外界树立榜样。

个人

为了拥有一致的组织文化，组织中的大多数人必须拥有相同的价值观。

项目管理

管理者要想成功监管项目，就需要一定的技能来应对范围、时间、质量和预算等方面的限制，同时还要有效地领导团队，并与利益相关者进行沟通。

完成项目

项目的生命周期分为多个阶段，项目经理必须有效地管理每个阶段，以便可以按照预算、规范和时限完成项目。要实现这一点，组织需要具有严格的控制程序、强大的团队精神，以及与所有利益相关者的清晰沟通。项目经理还需要在问题出现时（比如进度延迟时）解决问题。所有这些挑战都需要各种软技能和硬技能。硬技能指的是可以轻松掌握的相关技术和知识。例如，优秀的项目经理应该能够制定出可行的进度表，其中包括中期目标和工具，比如关键绩效指标（KPI），以便有效地监控项目，保持进度。软技能指的是人际交往能力，比如良好的沟通能力。对于项目经理而言，这是一项关键技能，因为他们需要与客户、高管及来自不同组织、不同领域、不同工作地点的团队成员定期共享信息和交流。

保持平衡

成功的项目管理离不开有效地管理进度、风险、财务资源、关系、个人和团队，以及一系列利益相关者。为了实现目标，项目经理需要结合硬技能和软技能来工作。

"长期工作的成功 **75%** 取决于人际交往能力，25%取决于技术知识。"

商业作家佩吉·克劳斯（Peggy Klaus），2008年

硬技能
硬技能是易于衡量和传递的技术能力，其中包括能够有效地确定项目目标、制订计划和预算、管理风险，以及销售产品或服务等。

解决问题

在项目的各个阶段，项目经理都会面临挑战。下表列出了一些常见问题，并提供了相关的解决方案。这些挑战包括项目伊始愿景不清晰、进度延迟、范围蠕变（目标变更），以及期限不合理。

	问题	解决方案		问题	解决方案
	愿景不清晰	• 向高管/利益相关者寻求明确的信息 • 审核初步目标 • 确保团队方向清晰，避免停滞		范围蠕变	• 根据商业论证/项目目标评估变更请求 • 通过协商使变更与项目计划保持一致
	进度延迟	• 重新审视进度表，重新评估中期目标 • 筹划剩余工作，评估客户的风险		期限不合理	• 向利益相关者和员工说明新的截止日期可能带来的影响 • 找出延误的原因 • 调整期望 • 确定最关键的任务

沟通

领导力

协商

团队合作

积极的态度

软技能

软技能指人际交往能力，与硬技能相比，它没有那么容易量化。软技能包括领导力、创造愿景和激励团队的能力、沟通和谈判能力等。

✔ 须知

▶ 通过项目启动文档，管理者可以制定项目的商业论证，确定任务的范围、规模和持续时间，预测任何可能的风险，并制定进度表。

▶ 制订项目计划有助于设定明确的目标。

▶ 关键绩效指标可以让管理者看到他们离目标的距离，比如是否能按时完成计划。

客户和其他利益相关者

为了平衡大家对组织的需求和期望，管理者需要清楚地了解使用其产品和服务的客户，还有与组织有利害关系并会产生影响的人。

利益相关者的重要性

利益相关者对组织的成功至关重要。利益相关者指与组织有利害关系的各方，比如组织的所有者、股东、员工和供应商，以及购买或使用其产品和服务的客户。管理者必须能够识别所有利益相关者，以便了解各方对组织的需求，这样才能在利益相关者与组织之间取得利益上的平衡。

有时，一个群体的利益可能会与其他群体发生冲突。例如，加薪会让员工满意，但也会推高成本，导致产品和服务价格上涨，客户不满意。如果既加薪又维持产品和服务较低的价格，那么就可能会影响利润，从而使股东或所有者所得的回报减少。因此，组织必须在利益冲突的各方之间取得平衡，同时还要记住，任何行动都可能对其他利益相关者造成影响。

在有些组织中，较大的利益相关者群体可能由子群体组成，这些子群体通常有各自的需求。例如，股东可能包括养老基金等大型机构投资者，他们可能期望获得股息。股东还包括

大局观

任何组织都有很多内部和外部的利益相关者，他们的利益很重要，因为他们都对组织的成功做出了贡献。为了做出使各方受益的决策，本身就是利益相关者的管理者必须知道这些利益相关者都是谁，同时要了解他们的担忧。

供应商

产品或服务供应商想要获得利润。他们需要组织蓬勃发展以获得利润，还要确保组织未来的业务发展。

政府

政府监管机构会通过法律和标准影响组织的运作，因此也与组织存在利害关系。

股东

持有股份的人希望看到利润。他们的观点很重要，因为他们的投资是组织得以维系的根本。

客户

很少有组织能够在不将客户利益放在首位的情况下生存下来。如果客户不满意，组织就无法留住客户。

员工

创造产品和服务的人员至关重要。他们的担忧可能集中在工资、工作保障、工作条件或职业发展等方面。

所有者

所有者往往专注于在控制成本的同时获利。

社区

组织还会影响住在附近的人，比如组织会提供工作机会，也会造成污染等问题。因此，组织要认识到自身对当地的影响，这一点至关重要。

散户，他们可能更愿意看到股票上涨，以便从中获利。利益相关者分析图通常是用图形表示关键利益相关者的利益的一种形式，它有助于管理者做出决策，比如管理者在规划项目或制定营销策略时可以使用它。

让利益相关者满意

在大多数组织中，客户都是重要的利益相关者。不过，如本例所示，确定客户的实际身份并不总是那么容易的。在这里，宠物食品生产商的管理者要平衡公司和客户的需求。

生产商
生产商希望以最佳价格向零售商出售宠物食品，同时使零售商更广泛的需求也得到满足。

零售商
零售商希望以最低价格购入宠物食品，然后以最高价格出售，同时满足供应商和客户的需求。

客户
客户（购买者）希望以合理的价格为狗购买它们喜欢吃的营养食品。客户也可以选择在其他地方购买。

消费者
狗（消费者）只能吃主人（客户）给它提供的食物。如果狗不喜欢这种食物，主人就会选择其他品牌。

管理者
管理者希望组织欣欣向荣，同时平衡所有利益相关者的需求。

"如果想留住为你的愿景投资的人，你必须……分析利益相关者是谁，以及他们各自关注的是什么。"

美国国家航空航天局前高管艾伦·斯特恩（Alan Stern），2011年

产品和服务

近年来，数字技术的进步改变了产品和服务的性质，但管理者的总体目标并没有改变。

不断发展的市场

从传统意义上讲，产品指可以购买和拥有的实物，服务指为买方所做的事情。然而，如今两者之间的界限没有那么清晰了。50多年前，唱片公司专门制作黑胶唱片，并将其分发到各个店铺，而如今，大多数音乐是以数字格式下载和播放的。也就是说，唱片公司不仅减少了有形产品的生产数量，转而开发无形的数字产品，还适应了新的发行方式。随后，一个更普遍的趋势出现了——消费者更注重体验服务，这就是服务业蓬勃发展而

有形和无形

近年来，无形产品逐渐抢占了更多的市场份额。举个例子，人们过去常常购买唱片、录音带和CD，而如今的消费者则倾向于在线下载音乐。产品和服务都发生了变化，这标志着从实物到数字、从商店到互联网的转变。

> "价格和质量达标只是比赛的入场券，服务才是赢得比赛的关键。"
>
> 作家、营销专家托尼·亚历山德拉
> （Tony Alessandra），2009年

有形产品
传统意义上，音乐只是一种有形产品，人们可以在商店进行买卖。

无形产品
如今，人们可以从各大网站下载音乐。音乐以纯电子形式存在，人们几乎可以在任何地方听音乐。

制造业衰落的原因之一。从有形到无形、从产品到服务的转变对各个行业都产生了影响。很多能源公司不再将自己视为电力和天然气供应商，而视为供暖和照明服务商，它们因此得以开发相关的产品和服务。

尽管如此，提供产品或服务的组织的目标没有发生变化。对私营公司来说，产品或服务必须为所有者或股东带来利润。负责创建和交付过程的管理者都会监督效率，而效率由金

钱、劳动力、材料转化为产品或服务的程度来衡量。质量是质保经理的职责，他的责任是确保产品或服务符合特定的标准。如果质量不达标，组织就可能会立即招致客户的不满，尤其是获得在线差评。

"复古风"的兴起
尽管网络上有各种各样的音乐可供选择，但如今老式的有形产品却在复兴。

✔ 须知

❯ 销售漏斗涵盖了从最初联系客户到完成销售的整个销售过程，甚至还包括营销在内。

❯ 物料清单（bill of materials, BOM）是一份清单，包括生产产品或提供服务所需的所有物料。

❯ 产品结构树（简称"产品树"）是一种可视化的方法，产品经理在考虑产品或服务可能需要的所有要素时经常会用到。

❯ "功能膨胀"是一个贬义词，用于描述产品具有太多的功能。

🔍 案例研究

罗尔斯-罗伊斯公司

20世纪90年代，罗尔斯-罗伊斯公司改变了原来基于产品的业务模型，用基于客户的模型取而代之。公司之所以这样做，是因为它的航空发动机越来越耐用，导致产品销量不断减少。针对这个问题，公司开始扩展其有限的维护和修理服务，这项业务的利润从1993年的3亿英镑增长到2002年的12亿英镑。同年，公司推出了罗尔斯-罗伊斯CorporateCare®服务，以发动机每小时工作的固定价格为基础提供维护服务，并且在维护期间提供发动机租赁服务。这项服务不仅给公司创造了利润，也给客户带来了益处，比如维护成本可以预测，意外事件风险得以消除。

供给和需求

供求规律解释了买卖双方之间的关系。管理者必须了解这一基本规律，以确保组织赢利。

充足与稀缺

几百年来，供求规律一直是西方资本主义的核心。从本质上讲，它主要说的是存在一个买方想买、卖方想卖的价格。如果人们想要的产品或服务出现短缺，他们会付更多的钱，因此卖方可以设置更高的价格。但是，如果供应充足且竞争激烈，那么人们就可以选择从哪里购买，因此卖方必须降低价格。如果卖方发现某些产品或服务收益更高，他就可能会进入该市场，供给会因此增加。这时，买方将有更多选择，价格将相应下降。

供给取决于诸多因素，比如可用的技能和原材料、生产技术，以及劳动力成本，而需求则受消费者偏好、竞争性产品、消费者收入和需求，以及季节性波动等影响。

管理者必须关注供求关系，并努力使其平衡，从而调整产品供应和价格，以便从中获益。这不仅需要不断进行销售分析，还需要进行市场趋势分析，以及对未来的需求进行预测并做出相应规划。

> "价格……不取决于价值，而取决于供求关系。"
>
> 萧伯纳（George Bernard Shaw），
> 《社会主义》，1926年

高供给/低需求
水果摊老板拥有大量水果，而需求很少，这时他可能会亏钱，因为水果无法长期储存，他不得不廉价出售水果。

保持平衡

右图中的水果摊说明了供求关系的一些关键因素。水果摊老板必须确保一个或多个可靠的果农可以定期为其供应水果。但是，如果水果库存过多，超过了需求，水果摊老板就不得不降低价格，以避免水果长期卖不掉而腐烂变质，而这样一来利润就会降低。如果库存不足，需求无法得到满足，那么顾客可能会转向其他水果摊。如果水果普遍稀缺，那么顾客会付更高的价钱少买一些。总之，水果摊老板要尽量保持供求大致平衡的状态。

道德与供求规律

供求规律表明，人们会购买更多他们认为物有所值的产品，以较低价格提供产品的快消品市场因此发展了起来。快时尚行业就是一个例子。为了生产低成本的服装，有些零售商从工厂采购服装，那里的工作环境十分恶劣，有时甚至十分危险，而且工人工资很低。不过，这种做法已经遭到了消费者的强烈反对。尽管价格低廉，消费者还是会抵制这样的产品。

✔ 须知

❯ 自由市场是一种在很大程度上不受管制的经济体系，其中商品和服务的价格由供求关系决定。

❯ 如果供应商控制了足够的市场，可以迫使产品价格发生变动，市场就会出现垄断。

❯ 价格统一协议是竞争对手之间达成的以固定价格出售产品的协议，这一价格可能较低，可能较高，也可能会维持现有水平。在有些市场中，签订价格统一协议是非法的。

高需求/低供给
水果摊老板没有对需求做出准确的预判，结果库存太少，顾客转向其他水果摊购买。这影响了水果摊老板的利润和消费者的信心。

供求平衡
正确管理季节性产品的供应，同时评估当前和未来的需求，可以维持供求平衡。

营销和销售

有效营销不仅对任何销售产品或提供服务的组织至关重要，对有推广需求的非营利组织，比如慈善机构，也相当重要。有效营销需要了解客户及其需求，还需要知道如何吸引客户。

营销过程

营销是一个复杂的过程，分为不同阶段，包括确定需求、开发满足该需求的产品（或服务），并将其推广给潜在客户。产品的价格应该是可以接受的，客户可以从合适的销售渠道进行购买。另外，要为客户提供尽可能好的购买和使用体验。对于管理者而言，这需要研究市场以寻找机会，并了解客户的需求、愿意支付的价格、希望的购买方式，以及他们对产品本身和提供产品的组织有何期望。此外，管理者还必须确定推广产品的最佳方法。

虽然管理者采取的确切营销步骤取决于要销售的产品，但市场和客户调研也是至关重要的。制定详细的营销策略对确保营销过程吸引合适的受众并鼓励他们购买产品十分重要。

营销实践

有很多关于有效营销的理论，不过涵盖整个营销过程的理论中使用最为广泛的还是"7P"理论。"7P"指产品、价格、渠道、促销、有形展示、过程和人员。这一理论最初由杰罗姆·麦卡锡（Jerome McCarthy）提出，他在1960年出版的《基础营销学》一书中介绍了"4P"理论。"AIDAS"理论则指注意力、兴趣、渴望、行动、满意度。这两种理论在右图中得到了验证。

1 识别市场
第一步是研究市场，并确定一种现有产品（或服务）无法满足的需求，了解人们需要什么。

2 开发产品
确定需求后，开发一种产品来满足这种需求，并以客户愿意支付的价格出售。

5 吸引注意力，激发兴趣
必须通过能够吸引客户注意力并激发他们兴趣的广告或促销活动，使客户了解产品及其优势。

6 鼓励行动
客户必须渴望拥有这种产品，才会采取行动购买产品，这可能需要通过打折之类的激励措施加以推动。

"营销工作没有尽头，就像一台永动机。我们必须持续创新……"

通用电气前首席营销官兼副董事长
贝斯·科姆斯托克
（Beth Comstock），2014年

品牌价值

客户从自己喜欢的品牌那里购买产品或服务时，通常会更放心。对于客户而言，品牌体现了整个组织的身份和价值，这些应该是组织尽力维系的。对于组织而言，品牌价值应成为其与客户互动的基础，涵盖产品质量、客户如何及在何处获得产品、购买时及购买后如何对待客户等各个方面。

✔ 须知

▶ 搜索引擎优化是一种数字工具，可以使组织的网站更易于被搜索到。

▶ 定向营销指确定市场的特定需求，并针对该市场定制销售信息。

▶ 集客式营销指通过引人入胜的网络内容吸引客户。

▶ 独特卖点指使产品或服务区别于竞争产品或服务的品质。

3 策划营销活动
确定市场并开发产品后，应根据原始调研做好营销策划。

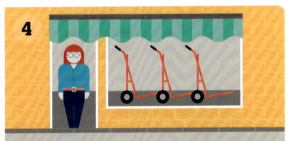

4 确定渠道
必须在适当的时间通过适当的渠道向客户提供产品，并且数量要充足，以保证满足客户的需求。

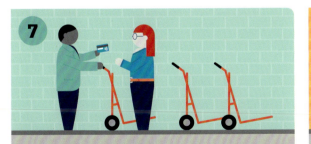

7 销售产品
从广告到实际购买整个过程中的每一步，即有形展示，都必须使客户对产品充满信心。

8 确保客户满意
客户满意度至关重要，它的影响因素包括组织及其人员在每个阶段（流程）对待客户的方式。

达成交易

管理者总是以达成最佳交易为目标，但这绝不应该以牺牲其他方的利益为代价。成功的交易绝非一次性买卖，而是可持续合作关系的基础。

成功的谈判

成功不只是快速达成交易并继续推进那么简单。斯坦福大学的乔尔·彼得森教授（Joel Peterson）指出，成功的谈判更多是双方努力解决问题的一次对话。为了促成交易，双方必须始终考虑对方的利益。人们往往不喜欢别人强行卖给他们东西，但却喜欢让自己的需求得到满足。这意味着"听"胜过"说"。只有这样，管理者才能清楚地了解每个人的需求。此外，要保证价格可以反映所提供产品的价值，这一点也很重要。在谈判中保持诚实和正直，并努力确保解决方案公正公平，这些都是达成交易的关

"囚徒困境"

理想情况下，人们应该共同努力实现共赢。但是，博弈论证明，事实并非总是如此。博弈论主要利用应用数学分析各方如何做出相互依赖的决策。1950年，美国研究者梅里尔·弗勒德（Merrill Flood）和梅尔文·德雷舍（Melvin Dresher）提出了"囚徒困境"。在这个假想的情景中，两个理性的人不太可能合作，即使这似乎符合他们的最大利益。假设有两名犯罪嫌疑人（共犯）被抓，并被分别关押审问。如果两人都选择背叛对方，他们将分别面临两年监禁。如果一个人保持沉默，而另一个人坦白，则坦白的人就会被立即释放，另一个人会被判入狱三年。如果两个人都保持沉默，则他们每个人将被判处一年监禁。从整体上看，最好的结果是两个人都保持沉默，但是，实际上两个人都更可能做出最有利于自己的选择，也就是对双方而言最不利的选择：他们都更可能背叛对方。

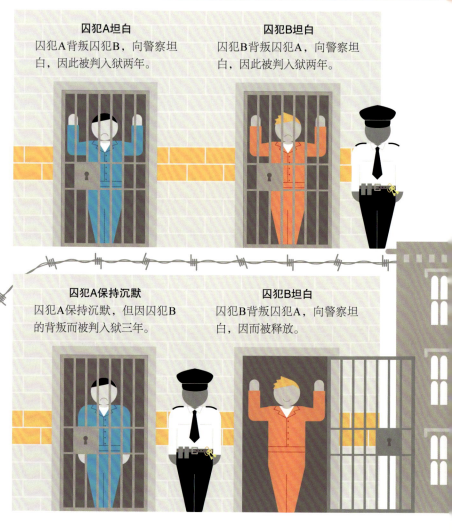

囚犯A坦白
囚犯A背叛囚犯B，向警察坦白，因此被判入狱两年。

囚犯B坦白
囚犯B背叛囚犯A，向警察坦白，因此被判入狱两年。

囚犯A保持沉默
囚犯A保持沉默，但因囚犯B的背叛而被判入狱三年。

囚犯B坦白
囚犯B背叛囚犯A，向警察坦白，因而被释放。

键因素。

　　鉴于人们更倾向于竞争而非合作，具有建设性的开放谈判尤为重要。经济学家通过"囚徒困境"说明了这种趋势。"囚徒困境"表明，对于一个群体而言，仅考虑个人利益，永远得不到最好的结果。

成交

　　推动交易的完成至关重要。一次会议的召开可能对各方来说都很顺利，但是除非达成协议，否则交易并没有完成。如果需要召开后续会议才能达成协议，那么最好面对面或电话沟通。此时，一方应总结交易的所有要点，并询问另一方是否认同。这时，活跃的一方应该保持沉默，迫使另一方做出回应。理想的情况是双方都同意达成交易，但如果一方提出对其更有利的条件，另一方应继续发问以解决矛盾。如果双方都宽容大量，就可以很好地完成交易。

"信任是交易成功的润滑剂。"

乔尔·彼得森，2018年

囚犯A坦白
囚犯A背叛囚犯B，向警察坦白，因而被释放。

囚犯B保持沉默
囚犯B保持沉默，但因囚犯A的背叛而被判入狱三年。

囚犯A保持沉默
囚犯A因保持沉默并拒绝背叛囚犯B而被判入狱一年。

囚犯B保持沉默
囚犯B因保持沉默并拒绝背叛囚犯A而被判入狱一年。

战略思维

组织战略就是组织的未来愿景，应该始终处于管理者心中最重要的位置。它影响着管理者日常决策的方方面面。

发展战略

管理者应当具备战略思维。长期目标及如何实现这些目标都由战略思维决定。常见的战略思维工具是SWOT分析，管理者可以使用SWOT分析来确定优势、劣势、机会和威胁。PESTLE框架也是一种有效的工具，它分析的外部因素更为广泛。波士顿矩阵侧重于分析内部能力。这些工具都可以用于打造范围广且适应性强的战略。

PESTLE框架

PESTLE指政治（Political）、经济（Economic）、社会（Social）、技术（Technological）、法律（Legal）、环境（Environmental）几个方面，是管理者分析影响组织的外部因素时可以使用的一种有效方法。它能够确保所有决策都是基于现实而非想象做出的。在理想的情况下，管理者应该在整个组织内对制定的战略进行交流，并定期进行审查，以便与时俱进。PESTLE框架中有很多变化，这些变化会引入其他发挥作用的因素。

政治（P）和经济（E）

评估政治和经济大环境。在与本国外交关系紧张的国家，业务将受到怎样的影响？汇率变化或通货膨胀可能会产生什么影响？

组织

社会（S）和技术（T）

衡量社会和技术因素对组织的影响。人们对产品或服务的需求在增长还是在下降？可以使用技术来简化操作吗？技术进步会带来威胁还是机遇？

谁来制定战略？

过去，人们认为，战略只是高级管理者的职责，但是，加拿大学者亨利·明茨伯格认为，战略可以来自组织的任何层级。管理者如果让每个层级的更多的人参与战略制定，那么得到的创意就会更多，员工的奉献精神就会更强。不过，战略不仅仅针对整个组织，每个管理部门或职能部门也需要战略。

须知

▶战略聚焦管理者的长期目标。

▶战术关注的是管理者为了实现长期目标而需要采取的短期行动。

▶关于战略与战术的区别，中国古代著名的军事家孙子曾指出："谋无术则成事难，术无谋则必败。"

"知己知彼，百战不殆。"

中国古代军事家孙子

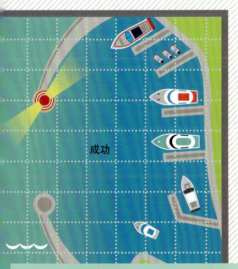

法律（L）和环境（E）

审视法律和环境背景。未来的法律或法规变化会影响组织吗？组织是否拥有坚定的环境战略？其活动是否符合可持续发展的要求？

波士顿矩阵

1968年，波士顿咨询公司开发了波士顿矩阵，管理者可以为产品、服务或功能制定战略。"明星产品"应予以投资，因为它们具有高市场增长率及较高的市场占有率。"现金牛产品"应该用来谋利，因为它们虽然市场增长率低但有很高的市场占有率。"问题产品"需要进一步分析，因为它们具有高增长潜力，但目前市场占有率较低。"瘦狗产品"应该放弃，因为它们市场增长率低，市场占有率也低。

有效规划

组织成功是详细规划的结果，而非好运气的结果。为了达成目标，组织必须规划好将要采用的路线，以及过程中的所有阶段。

成功的规划之路

不管要实现什么目标，都必须确定、采购并有效地分配资源，包括时间、金钱、人员和设备。管理者应根据重要性对任务进行优先排序，并确定完成任务的时间表。通过建立监管流程，管理者可以评估任务完成的进度，并确保任务在期望的时间内完成。作为规划的一部分，管理者需要把握不确定性、准备可能的替代措施，以防止计划因未来事件而无法顺利进行。制定清晰的规划可以赢得支持，让员工感到他们在为共同的目标而努力，同时促进参与者之间的理解和沟通。

四种规划

要想成功地运营一个组织，管理者需要进行长期和短期规划。战略规划是涉及范围最广、影响最为深远的一种规划。制定战略规划时，管理者会根据组织的目标评估重要的外部因素，比如潜在的市场变化。接下来，使用战术规划确定必须采取什么样的具体行动。运营规划是最直接的一种规划形式。管理者通过运营规划详细说明组织的日常运营方式，比如组织生产产品或提供服务的方式。但是，不管做多少前瞻性规划，都无法避免看不见的挑战，因此管理者必须为每个阶段制定应急规划，以保证组织在既定的轨道上，这一点至关重要。

战术规划

管理者会问："现在必须做什么？"答案是设定并规划短期目标以实现长期目标。

战略规划

战略规划解决的是"为什么要做这些事"这一问题。它涵盖了组织的远见及未来的发展定位。

案例研究

荷兰皇家壳牌集团

20世纪70年代，情景规划的价值得到了荷兰皇家壳牌集团的认可，当时石油市场由于石油输出国组织（OPEC）的成立而出现巨幅波动。20世纪60年代，壳牌已经开始使用"如果……会怎么样"这种方法来规划可能发生的情况，所以它比竞争对手做好了应对经济风暴的准备。壳牌继续绘制"壳牌情景"，包括在水和粮食不安全性不断提高的背景下规划低碳未来。

> "情景规划是一门学科，用于在高速变化的环境中重新发现企业原始的创造力和远见。"
>
> 荷兰皇家壳牌集团情景规划负责人皮埃尔·瓦克
> （Pierre Wack），1985年

运营规划

运营规划涉及现行计划的制订，包括需要做什么及应该如何做。

应急规划

应急规划包括准备替代措施，在发生意外事件时可以使用。

情景规划

情景规划是战略规划的一种形式，其目的是考虑未来发展的不同方式，以及每种情景对特定问题的影响。经验法则是至少问四次"如果……会怎么样"，即通过假想的情景预想各种结果。不过，基于数据的变量（比如人口趋势）比基于推断的变量（比如未来的经济状况）可靠性更高。

# 颠覆性技术

　　无论用于基本通信，还是作为生产过程或服务提供的一部分，每个组织都离不开技术。但是，技术的发展既会带来机遇，也会带来挑战。

跳跃式发展

　　技术更新是确保组织有效运营并保持竞争力的重要方式。不过，我们也要预见技术的发展将会对产品和服务产生哪些影响，这一点也同样重要。

　　技术一般是通过不断改进而逐步发展的，这一点从汽车制造技术的稳步发展中就可以看出来。不过，技术也会出现跳跃式发展，比如21世纪初数码摄影取代了胶卷相机。美国学者克莱顿·克里斯坦森（Clayton Christensen）将这种突如其来、不可预见的新技术称为"颠覆性技术"。颠覆性技术能够重塑整个行业。成熟的产品和品牌可能很快就会过时，而刚起步的创业公司可能会成为全球巨头。

　　对于管理者而言，颠覆性技术可以从很多方面影响组织。首先，因为颠覆性技术的出现，当前使用的技术可能

新的工作方式

　　云计算指在线托管软件、文件和信息等，它说明了颠覆性技术可能对管理者产生的影响。过去，组织使用的重要数据和程序都保存在个人计算机和本地服务器上，也就是说大多数使用这些资源的员工得在办公桌前工作。现在，这些资源已经联网，员工可以通过网络访问他们所需的一切资源，因此，工作方式、地点和时间也有了更大的灵活性。在工作场所之外，云计算还通过智能设备，也就是"物联网"，彻底改变了日常生活。这些产品通过"云"连接在一起，用户可以远程控制家中的技术设备，生活因此变得更加灵活方便。

云计算出现以前的工作
员工只能使用本地服务器在固定的位置工作。智能手机等移动设备的功能有限，只能存储一定的数据。

会过时或多余，所以需要对替代技术进行投资，尤其是在竞争对手争相采用的情况下。虽然组织会从最新的技术中受益，但因为新技术的实施和对员工的培训，组织工作方式可能会出现混乱。其次，颠覆性技术可能会迫使组织生产或提供的产品退出市场，除非组织能够进行创新或为其找到替代市场，否则组织的生存会面临危险。

要想从颠覆性技术中受益，或是避免颠覆性技术造成的损害，管理者必须保持警惕，乐于并能够做出回应。不过，他们首先应该审视其中是否有任何前所未有的创新，并判断是现在加以采用（可能很快会被超越），还是等到它变得更加成熟时再用。

这个问题没有明确的答案，只是用来说明这种突然的变化对组织来说具有多大的颠覆性。

 案例研究

苹果公司和网飞公司

苹果公司和网飞公司都是颠覆性创业公司的典型例子。苹果公司在现有技术的基础上取得了飞跃式发展，当时人们只能使用计算机处理文档，苹果公司却创造了使用计算机的全新方式。1997年，网飞公司通过邮寄DVD颠覆了传统的租碟模式，然后通过按需提供在线视频的方式颠覆了自己原来的商业模式，到2019年底，它已经吸引了全球1.51亿个订阅用户。

云计算
"云"是一个网络空间，用户可以使用远程服务器而非本地计算机硬盘来存储和访问数据。

移动新世界
在线访问、存储数据让移动办公成为可能。智能手机变得与台式计算机一样强大。

调制解调器

法蒂玛： 你看印度德里团队提交的最新电子表格和视频了吗？

马迪奥： 嗯，我正在看电子表格。我会把它转换成PDF，附在销售指南后面。

法蒂玛： 太好了，在我们见面之前，你有时间编辑一下视频吗？

马迪奥： 可以，不过我要先更新一下手机上的应用程序。

法蒂玛： 如果明天有空，你能和我一起与德国的管理人员开视频会议吗？

马迪奥： 哦，很抱歉，我明天全天居家办公，给另一个客户做东西。我会查看一下我的日程表。

学习型组织

要想让组织蓬勃发展，管理者需要培养一种学习型文化。通过实践学习并分享所获得的知识可以确保组织不断进步和发展。

学习进步

在不断变化的时代，管理者和员工必须做好快速适应新环境的准备。比如，他们可能需要对竞争对手的行为或新技术做出回应。学习可以极大地提高随机应变的能力和个人实力。如果管理者可以建立一种人人都参与创造、获取和共享知识的文化，那么这会对组织的成功产生更大的影响。

为了鼓励大家不断学习，管理者需要创造一个支持性的环境，使员工能够从错误中学习，而不是因为错误遭受责备。管理者应鼓励员工发表意见，并认可员工做出的贡献。扁平化管理结构可以起到积极的作用，因为这种结构的汇报层级较少，管理者更容易听到员工意见。管理者应该与员工进行清晰公开的交流，使各级员工都了解正在发生的事情。管理者还要建立适当的机制以确保信息得到共享，而不是为了个人利益而保留信息。

彼得·圣吉的五项修炼

1990年，彼得·圣吉通过《第五项修炼》一书普及了"学习型组织"的概念。学习型组织指鼓励学习并以此促进持续变革的组织。圣吉提出的五项修炼对试图建立学习文化的管理者十分有用。其中，第五项修炼属于系统思维，将其他四项整合在了一起。

"通过学习，我们能够做我们从前无法做的事情……我们的创造力得到了拓展……"

彼得·圣吉，《第五项修炼》，1990年

心智模式
人们看待正在发生的事情及事物的运行方式时，背后的思维过程可能是正面的，也可能是负面的。优秀的管理者会帮助员工剖析。

自我超越
自我超越指个人潜心学习并学以致用。管理者应该鼓励团队以成员快速、持续地学习。

不同的学习方式

不同的人拥有不同的学习方式。管理者需要考虑这些学习方式并为员工提供各种学习机会。

例如，有些团队成员在小组中学得更好，而有些团队成员可能更喜欢在公开展示之前通过私下练习完善自己的技能。

自我实践
在低压环境中练习有助于员工完善自己的工作。

正规培训
参加课程培训或获得学习资助比较适合某些员工。

向他人学习
观察他人并借鉴他们的经验可以加强学习。

小组学习
讨论想法并进行公开反思和学习是非常宝贵的。

教别人
教别人的同时会迫使自己更深入地思考自己的知识，从而使自己拥有更深刻的见解。

系统思考
系统思考指了解组织由相互依存且必须和谐共处的部分组成，这有助于管理者评估组织内部各个部门的学习情况。

团队学习
倾听、向他人学习、分享习的关键。管理者需要营造一种彼此信任的氛围，以实现这一目标。最佳案例是团队学

共同愿景
共同愿景是激励员工工作、学习的基石，管理者应该鼓励员工拥护组织的愿景。

市场力量

经济学家迈克尔·波特提出了影响每个行业的五种竞争力。根据他的"五力模型"，管理者能够评估组织赢得竞争的能力。

竞争的本质

竞争是影响组织成功的一个重要因素，提供相似产品或服务的竞争对手的数量及其活动都是影响因素。因此，我们要知道竞争对手在做什么。20世纪70年代，迈克尔·波特提出了除竞争对手外的其他竞争力量，这一概念得到了进一步发展。1979年，波特在《哈佛商业评论》上发表了《竞争力如何塑造战略》一文，阐明了管理者如果能够认识到这些更广泛的竞争力，将有助于其了解组织在市场中的地位，从而使组织获得更高的利润，并且增强组织竞争力。

波特提出了五种力量，它们会影响组织的吸引力、有效服务市场并最终获利的能力。他的"五力模型"有时会用一个十字形结构表示。现有竞争者是其中最明显的力量，被置于中心，周围被其他四种力量所包围。买方和供方的议价能力形成一对互补力量，位于两侧。潜在的新进入者和替代品则构成了另一对力量。

竞争激烈的航空业

波特的模型显然可以应用于航空业。因为五种力量的共同作用，航空公司的竞争十分激烈，利润率很低。现有竞争者开启了价格竞争，客户可以轻松地买到最划算的机票。制造商和机场等供方获得了大部分利润。新进入者通常会提供低价机票。此外，还有其他替代品参与竞争，比如火车、公共汽车和私人汽车。

供方的议价能力
那些提供稀缺或宝贵资源的供应商可能会索要更高的价格。

须知

▶ 低利润率与进入壁垒低、替代品多、竞争激烈、供应商/买家势力强大相关。

▶ 高利润率与进入壁垒高、替代品少、竞争少、供应商/买家势力薄弱相关。

▶ 最强的竞争力决定了行业的整体赢利能力。

蓝海战略

蓝海战略是一种营销理论，W.钱·金和勒妮·莫博涅还写了一本同名的书。蓝海战略指出，公司最好寻找没有竞争的市场，而不是在现有市场与人竞争。具体做法就是创造并捕获新的需求，从而使竞争变得无关紧要。网飞公司就是实施蓝海战略的一个很好的例子。该公司通过在线租碟的模式创造了无竞争的市场，当时没有公司提供类似的服务。

新进入者的威胁

新进入者会从现有竞争者手中争夺市场份额，但他们的能力受到专业知识等障碍的限制。

软饮料

在软饮料行业，市场力量相对较弱。大品牌铺货很广，从而限制了替代品的威胁。举个例子，大品牌会安装品牌自动售货机，使竞争对手无法在同一地点提供产品。相比之下，胡椒博士品牌避开了最畅销的可乐市场，保持单一独特的口味，并进行了广泛的营销，从而最大限度地规避了自己的弱点。

现有竞争对手之间的竞争

大量有实力的竞争对手会压低利润，但是独特的品牌形象有助于赢得市场份额。

买方的议价能力

势力强大的买方或选择较多的买方可以施加压力以降低需要支付的价格。

替代品的威胁

其他地方有类似或更具吸引力的产品，可能会导致价格降低。

"增长甚至生存的关键是在一个不太容易受到直接对手攻击的位置站稳脚跟。"

迈克尔·波特，《哈佛商业评论》，1979年

差距分析

管理者可以比较当前绩效与预期绩效，并分析两者之间的差距，从而找出并弥补组织内部的弱点。

如何改善

差距分析是战略规划的一部分，首先通过比较实际情况和预期来评估管理者当前职责范围的"状态"。这样做可以揭示出有缺失或薄弱的策略、功能和资源。通过比较当前状态与目标状态，管理者可以决定需要采取哪些措施来缩小差距。

差距分析可用于不同的管理领域，比如人事管理、预算管理和进度管理，还可用于评估许多不同的问题。例如，如果体育俱乐部的会员人数减少，没有达到目标，或者教练素质明显下降，差距分析有助于找到并实施更有效的发展体系。再举个例子，如果饲养场长期饲料不足，这可能表明库存管理系统需要改进。如果团队中某些成员的表现优于其他成员，差距分析有助于找出员工提升的最优方法。

缩小差距

差距分析共分为四步，可用于即时改进和长期改进。要想做好分析，管理者必须了解组织的当前状态，并为未来设定可衡量的明确目标。

基于问题的计划

基于问题的计划也是一种评估工具，可以代替差距分析。针对内部问题，它最为有效。这种工具非常适合面对年轻员工或资源匮乏的管理者，因为他会同时面临多个问题。基于问题的计划包括以下几步：

▶ 确定紧迫的问题，比如资金不足或客户满意度低。

▶ 商定解决未来6~12个月问题的行动计划，包括由谁负责哪个任务。

▶ 执行行动计划，并定期跟踪进度。解决问题后，就可以采用更广泛、更复杂的战略规划模型。

现在
效率低，利润率低。

"要想取得成功，你的个人计划必须集中于你想要什么，而不是你拥有什么。"

美国北卡罗来纳州海波特大学校长
尼多·库拜因（Nido Qubein）

1. **确定分析领域和要达成的目标**：确定哪些管理职能失效，并找到可以扭转趋势的措施。

2. **摸清当前状态**：分析定量数据（比如员工离职率和设备故障率）及定性数据。

3. **定义未来状态**：为员工制定一个切实可行的目标，这个目标还要能够促进组织成功有效地运作。

4. **弥合差距**：对比当前状态与未来状态，并确定有助于重回正轨的措施。

VRIO框架

　　管理者可以使用VRIO框架确定组织的内部优势和劣势。这一工具通过询问有关资源和能力的四个问题来确定组织的竞争优势。这四个问题是：组织的资源和能力会提升组织的价值及整体绩效吗？它们是否稀缺？它们能否被模仿？它们在组织内部是否得到了合理的组织和充分的利用？这些问题的答案可以用作差距分析的一部分，或用于重新调整组织的战略重点。

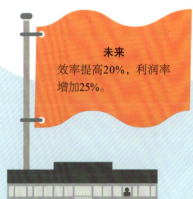

未来
效率提高20%，利润率增加25%。

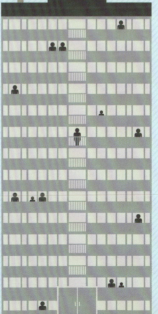

标杆管理

标杆管理是一种管理方法，管理者可以通过研究成功的竞争对手进行比较，并做出改进来提高组织的绩效。

设立标准

了解其他组织如何获得成功是管理者的一项重要工作。众所周知，标杆管理可以让管理者通过对比竞争对手在关键环节的优势，找到组织内部的劣势。

在使用这种方法时，管理者必须先确定一个适当的标杆，即他们希望模仿的成功的竞争对手。随后，他们要对标杆进行研究，在产品质量、客户满意度和赢利能力等方面做出比较。管理者还应该研究标杆使用的流程，比如生产和交付产品或服务的方式。最后，管理者要探索标杆的组织策略和可能促其成功的最佳实践。在研究了标杆之后，管理者需要将学到的东西运用到自己的组织中，并实施改进计划。

具体过程

标杆管理的具体过程取决于组织的性质、竞争的性质，以及标杆管理的目的。其中最重要的步骤如下：找出自己组织的劣势；确定切合实际的标杆；研究两个组织之间的差距。一旦确定了行动计划，就应该对其进行审查，以确保结果符合预期。

内部审核

在组织内部实施标杆管理时，管理者可以在各个层级进行比较，包括部门之间、团队之间、个人之间。目标同样是确定彼此的优劣势，然后对自己的劣势做出回应。对于跨地域经营或生产多种商品或提供多种服务的组织而言，这一过程尤为有用。此

评估劣势
拉胡尔是一位专业遛狗师，他的客户很少。他认为是因为自己的狗太邋遢，所以客户才不来找他。

1

建立标杆
拉胡尔对比了他的狗与竞争对手的狗，发现竞争对手的狗会给客户留下更好的印象。

2

收集资料
拉胡尔还进行了更深入的研究，了解到了如何把狗打扮得更漂亮。

DOG GROOMING

OPEN

4

制订计划
根据研究，拉胡尔决定制订一项详细的计划以改善狗的外观。

5

外，这种方法还可以用于营销、财务和人力资源等领域，明确在建立道德标准、考虑新技术时该如何做。

 须知

▶ 标杆差距指组织与标杆之间的表现差异。管理者应努力缩小这一差距。

▶ "同类最佳"是特定行业中的最高标准，它为其他组织设立了标杆。

 案例研究

世界一级方程式锦标赛

世界一级方程式锦标赛的竞争十分激烈，零点几秒的时间就可以决定输赢。因此，缩短进站时间至关重要。在2012年的比赛中，最佳团队用了大约2.4秒完成了四个车轮的更换。此后，这一时间大幅缩短，其中一个原因是团队认真研究了最快的对手在做什么，以及他们是怎样做的。如今，更换四个车轮所用的时间不到1.9秒。

研究差距
建立标杆后，拉胡尔知道了如何让他的狗更具吸引力。

行动与监督
拉胡尔制订了自己的计划，给狗剪了毛，吸引了新的客户。现在，他始终让狗保持干净整洁。

"我仍在努力了解自己的生意，我一直在寻找改善的方法。"

美国企业家、亿万富翁马克·库班
（Mark Cuban），2011年

可持续发展

可持续发展的企业指对环境和社会产生积极影响的企业。很多企业将可持续发展纳入自己的战略。它们意识到做好事不仅是正确的，而且能赢得投资者的青睐。

企业责任

企业责任并非一个新概念，数百年来它一直是管理的一部分。19世纪初，美国钢琴制造商乔治·施坦威（George Steinway）在纽约附近的农村建造了一处场所，用来安置工人。他的初衷是"让工人活得像正常人一样"。19世纪90年代，乔治·吉百利（George Cadbury）在英国建立了伯恩威尔，为家族巧克力工厂的工人提供良好的生活环境。这两个人都意识到，如果工人更快乐，他们的工作效率和质量会更高。他们都认为，雇主有责任改善工人的生活。

20世纪60年代出现了新的趋势，环保运动让人们注意到人类活动对自然界造成的破坏。再往近了说，人们发现有些发展中国家的工人工作条件十分恶劣，因此发出抗议，迫使相关企业对自己的行动负责，并增加了对诸如"公平贸易"等项目的支持。商界也在推进可持续发展，世界经济论坛的一项调查将极端天气等环境风险视为重要问题。

权衡成本

为了确保企业把可持续发展放在首要位置，并遵守所有相关的环境法律和法规，管理者应关注四大关键原则，以确保资源的使用得到评估、允许、监督和公开。

金钱　　人工

燃料　　物资　　交通

可持续发展的好处

▶有的消费者或用户愿意支持与自己的价值观相符的企业、产品或品牌，可持续发展会进一步提高他们的忠诚度。

▶优先考虑"三重底线"的管理者可以使整个企业受益。三重底线是企业社会责任专家约翰·埃尔金顿（John Elkington）提出的一种理论，包括社会、环境和财务三个因素。

▶有的雇主道德标准很高，比如英国零售商约翰·刘易斯将员工视为合伙人。员工更愿意为这样的雇主工作。

1 评估企业对当地社区、自然资源及供应商资源的影响。

2 赢得员工、供应商和利益相关者的支持，然后设定目标和里程碑。

须知

❯企业社会责任（CSR）指企业在自愿的基础上，把对社会和环境的影响整合到企业运营及与利益相关者的互动过程中。

❯联合国可持续发展目标呼吁各国政府和组织到2030年要在17个关键领域实现可持续发展的目标，包括平等、环境退化和气候等。

全球**81%**的消费者认为道德消费至关重要。

科恩通信公司 / Ebiquity全球企业社会责任研究，2015年

3 衡量进度并向利益相关者汇报，然后审查计划，并根据需要进行更新。

4 保持透明度，宣传企业的理念、成就和目标。

道德标准

将道德标准置于企业战略的核心位置，以确保可持续发展一直是企业的首要任务。"公平贸易"和"雨林联盟"等组织的认证及有机认证可以说明商品和供应商符合环境和贸易标准。这些认证可以带来收益，因为消费者愿意为合乎道德的产品和服务支付更高的价格。举个例子，2018年英国的有机蔬菜市场增长了5%，而非有机食品的销售则呈下降趋势。同样，棉花等有机纺织品的销售增长了18%。

制约因素的管理

制约理论的核心思想是，关键链再强也抵消不了最薄弱的环节。对管理者而言，这意味着他们的关键任务是识别并管理组织中最薄弱的部分。

关注局限性

制约理论是由以色列管理大师艾利·高德拉特（Eliyahu Goldratt）提出的，该理论最先出现在他的《目标》一书中。制约理论基于的原则是：任何组织最重要的任务都是获利，即使非营利组织也是如此。高德拉特将每个组织视为一个由不同活动组成的系统或链条，它的成功由三个基本指标控制：库存（投在组织中的资金）、运营费用（用于将库存转化为销售的钱）和有效产出（赚钱的速度）。每个系统都至少有一个薄弱环节或制约因素。如果能够找到并克服（或在无法避免的情况下控制）这一薄弱环节，那么组织就更有可能实现自己的目标。关键在于关注组织中最重要的限制因素，因为突破这一束缚将为组织带来最大的收益。比如，降低运营费用可能会提高一个部门的效率，不过，如果不能提高有效产出，组织就可能无法最终受益。

制约理论

高德拉特认为，制约因素（亦称"瓶颈"）是提高生产力的关键。如果管理者可以找出瓶颈并加以管理，则可以显著提高产出。相反，如果管理者解决的并非制约因素，那么资源会被分配到错误的地方，从而使情况变得更加糟糕。

上游

有效产出是常态。此时试图解决问题可能会使情况变得更糟。比如，提高产能可能会增加瓶颈处的工作量。

"……工厂的产能等于瓶颈的产能。"

艾利·高德拉特，《目标》，1984年

聚焦五步骤

　　高德拉特的"聚焦五步骤"有助于组织避开甚至突破最重要的瓶颈。下面以一家洗衣机制造商为例，这家制造商因为制造的洗衣机故障频发而出现了业务减少的情况。

找出瓶颈
确定瓶颈是内部的还是外部的，它发生在系统的哪个环节，是否与资源、流程、人员或政策有关。

"挖尽"瓶颈
利用现有的可用资源尽可能做出最大的改进，比如将资源集中在最常需要维修的零件上。

"迁就"瓶颈
围绕瓶颈重新调整系统的所有其他零件，以确保工作顺畅。例如，配置缓冲库存，以便可以按时完成订单。

突破瓶颈
缓解或消除瓶颈，比如通过维修或更换有故障的机械装置或其他方法使产品维修更快捷，更容易。

回头找瓶颈
找出下一个最重要的瓶颈，然后重复前四个步骤，尽量缓解或消除瓶颈。在组织的整个生命周期中不断重复此过程。

瓶颈
瓶颈指有效产出或工作流程受到限制的地方。此处出现的问题会降低整个过程的效率，解决这些问题有助于突破瓶颈。

下游
由于此处没有足够的工作量，因此效率降低。不过，此时做出改变（比如提高产能）也是无济于事的。

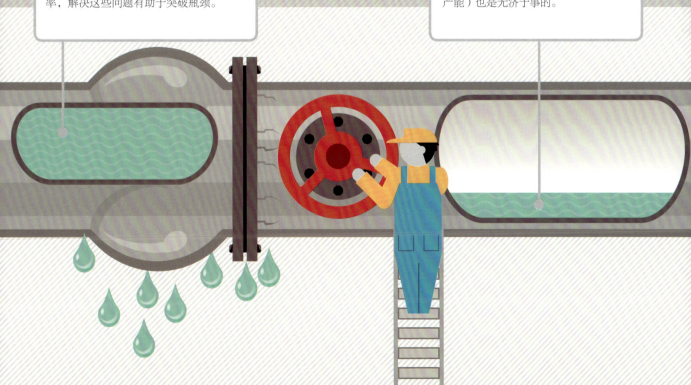

商业规划

管理者可能都会遇到必须撰写商业规划的时候。撰写商业规划的目的是确定行动方案的成本和收益。商业规划是一个重要的工具，有助于管理者确定是否投资和实施计划。

概述

商业规划总结了启动项目或任务的原因。它通常是一份撰写条理清晰的书面文件。在项目开始时撰写一份清晰的商业规划，对管理者来说是一次有价值的演习。它有助于巩固构想和计划、确定范围和方向，并在早期发现差距。花在撰写商业规划上的时间是值得的，因为它为需要基于证据做出透明决策的人提供了必要的信息。它还向利益相关者解释了项目的潜在收益。商业规划还为项目的实施制定了框架，以便将行动和决策对准既定目标并进行评估。商业规划通常包括商机、收益、成本、风险、时间表、技术解决方案和所需的资源。在某些部门，商业规划更加全面，因为它很可能是正式决策过程的一部分。在这种情况下，我们可以使用五项规划模型。

五项规划模型

五项规划模型是撰写商业规划的最佳方法。这一模型可以呈现全景，它不限于财务方面，而是涵盖更广泛的考虑因素，如战略规划、商用规划、经济规划、财务规划和管理规划。管理者通过列出并探索规划的各个方面，可以做出更明智的决定，避免在成功可能性较低的项目上浪费资源。进行成本效益分析或计算投资回报率都是商业规划的一部分。商业规划可以确保实施的项目成功实现其目标的可能性最大化。

战略规划

战略规划表明项目将满足组织的需求。

❯良好的战略匹配度说明项目可以促进组织达成目标。

❯SMART原则可用于总结项目目标。

❯强有力的变革规划说明项目将满足组织不断变化的期望或需求。

商用规划

商用规划表明项目在商业上的可行性，以及交易结果如何。

❯交易应该物有所值且结构合理，并为新服务或新项目制定标准。

❯应该有合适的供应商，并且能够满足组织的需求。

须知

▶ 投资回报率（ROI）衡量的是投资产生的收益或损失，与投资金额有关。

▶ 净现值（NPV）计算的是投资产生的未来收入，并对其进行折现，计算它现在的价值。管理者可以通过净现值比较不同的投资方案。

▶ 成本效益分析（CBA）将成本的价值与收益进行比较，使之被赋予货币价值。

"良好的商业案例是有效商业决策的基础。"

跨国专业服务机构毕马威

经济规划

　　经济规划表明项目会有很好的性价比。

▶ 在考虑各种替代方案后做出最佳选择，使成本效益最高。

▶ 首先要考虑成本、收益和风险之间的最佳平衡，然后再做决定。

财务规划

　　财务规划表明项目投资是组织负担得起的。

▶ 应显示项目在五年内的融资情况，包括损益和现金流，并且应表明资金可用且有后续支持。

▶ 计算迁移到新模型或新计划，以及提供新服务的预计成本，成本应既现实又负担得起。

管理规划

　　管理规划会确定交付计划，表明项目将顺利交付，组织具备相关的生产能力，系统和流程也已经准备到位。

▶ 列出所需的投入，包括所需的资产、设备和人员，以及交付时间。

▶ 确定风险和技术考虑因素、如何降低和化解这些风险，以及法律和资产管理问题。

了解变革

组织要跟上快速变化的经营环境，就必须做好适应的准备。但是，变革可能会造成伤害，管理者应该及时了解变革对员工的影响。

动荡时期

在动荡时期，如果管理者希望一切都能"恢复正常"，那么说明他们未能理解变革是生存的关键。如今，变革复杂多面，且无处不在。全球业务正随着技术的发展而不断变化。21世纪是一个互联的世界，社会规范发生了改变，工作与家庭生活之间的界限逐渐模糊，工作场所因此得到了重塑。变革管理的目的就是应对这种动荡。作为一种结构化的方法，它可以确保组织平稳转型，并获得持久的收益。成功的管理者将变革视为一个过程，而且是一个动态的过程，是对内部和外部因素做出的一种回应。

现状　　　　　　　　　　　　　　　　　**颠覆**

震惊
员工对变革的第一反应通常是震惊。这种感觉可能不会持续很长时间，但可能会影响员工的绩效。

否认
震惊过后就是否认。员工说服自己这种变革不会对其造成太大的影响，甚至影响根本不会发生。

愤怒
愤怒情绪出现，员工通常会埋怨组织中的某个人带来了这次变革。

恐惧
随着愤怒的消退，员工可能意识到改变是不可避免的。他们可能会因为对未知的恐惧而感到被孤立。

变化曲线

1969年，精神病学家伊丽莎白·库伯勒-罗斯（Elisabeth Kübler-Ross）根据自己治疗身患绝症的人的经历，在《下一站，天堂》一书中描述了悲伤的各个阶段。现在，组织使用这一模型来了解员工会如何应对变革，以及他们的情绪对绩效有何影响。变化曲线可以帮助管理者有效地与员工进行沟通，并为其提供适当的支持。库伯勒-罗斯强调，这是一个漫长的过程，人们会以不同的方式进行调整。

管理者可以使用的变革模型有很多，但是关键的一点始终在于如何鼓励人们做好过渡。

成功变革

研究表明，70%的变革管理计划无法达成目标。2015年，全球领先的管理顾问公司麦肯锡发表了《改变变革管理》一文。这篇文章指出，变革失败的主要原因是员工的抵制情绪和缺乏高管的支持。管理者有很多方法可以避免这些"陷阱"。他们应该听取团队成员的意见，并传达与他们岗位相关的信息，这一点至关重要。管理者多考虑将来可能发生的事情，可以确保变革在进行之时仍然是有意义的。强大的领导力对变革的成功也至关重要——领导变革的人必须支持员工，并且坚定不移地支持。管理者可以解释为什么需要变革，并将变革视为一场革命而非进化，这样可以帮助员工理解并接受变革。

探索

重建

应对
管理者应该了解员工处于变化曲线上的哪个阶段，这有助于他们了解员工的反应，并以适合员工的步调实施变革。

希望
员工顺利经过变革的困难期，现在可以询问变革可能会带来什么样的机遇了。

接受
接受变革正在进行这一事实有助于员工摆脱消极的情绪，从而表现出乐观的情绪。

热情
到这一阶段，员工已经完全接受了变革。

奉献
变革完成后，信任再次重建，员工的工作也变得富有成效起来。

"人们并不抗拒改变，只不过抗拒被人改变。"

美国科学家、作家彼得·圣吉

变革管理模型

随着时间的推移，变革管理学家引入了各种模型来指导组织完成复杂而动态的变革过程，同时将员工的情感反应考虑在内。

以人为本

有关人们如何应对损失和生活变化的研究影响了最早的变革管理模型。这些研究强调，人们对变化的反应不同，因此变革管理模型必须考虑员工的不同情感需求。1962年，社会学家埃弗雷特·罗杰斯（Everett Rogers）率先讨论了人们在适应新想法时会经历不同的阶段，并引入了"早期采用者"的概念。早期采用者指那些迅速接受新技术、新公司、新产品或新工作方式的人。早期采用者在变革管理过程中往往发挥着积极的作用。

库尔特·卢因（Kurt Lewin）的三阶段变革管理模型一直备受欢迎，并且被沿用至今。20世纪80年代，麦肯锡开发了自己的7–S模型，该模型包括变革管理的七个基本要素，并将变革对员工的影响考虑进来。1996年，约翰·科特在《引领变革》一书中提出了八步模型，它将必要的新行为整合到成功的组织变革中，是最受欢迎的一种模型。

"如果你想真正了解某事，那就试着改变它。"

库尔特·卢因，1935年

一次一步

变革管理专家约翰·科特提出了引领成功变革的八个步骤。他强调，要让员工参与到整个过程的每一个阶段，并在实施变革之前帮助他们做好准备。

① 创造紧迫感
告诉大家当前的情况。如果整个团队都了解组织迫切需要改变，那么变革将会进行得更加顺利。

② 建立强大联盟
表现出有力的领导人风范，让大家看到你的盟友，说服大家接受变革。

③ 建立愿景
为变革建立清晰的愿景，以使大家看到未来与现在的不同之处。

④ 传达愿景
使用各种沟通渠道有力地传达愿景，次数越多越好。

卢因的三阶段变革管理模型

　　心理学家库尔特·卢因的三阶段变革管理模型影响了后来的很多模型。他强调，员工必须首先意识到变革的必要性。然后，当变革得以实施并完成整合时，新的方法就会被员工接受，并成为常态。

解冻
让员工知道为什么要进行变革，避免他们的抵制情绪。

变化
设定目标，与团队沟通，让大家参与到变革中。

再冻结
将此次变革融入团队文化，庆祝现状的更新。

5 授权行动
开始为变革付诸行动，为不愿意接受变革的员工提供支持，并奖励那些促进变革的人。

6 快速获胜
向小的短期目标而非大的长期目标迈进，成功会激励团队。

7 努力进步
不断寻求改进。每一次小小的成功都是一个机会，可以确定哪些方面进展顺利，哪些方面遇到了障碍。

8 保持成功
为了获得持久的成功，要将愿景融入组织的日常价值观，鼓励所有员工接纳它。

助推理论

　　2008年，理查德·泰勒（R. Thaler）和卡斯·桑斯坦（C. Sunstein）在《助推》一书中解释了"鼓励"或者说"助推"变革的想法，而不是试图以传统的方式强行改变。当人们拥有一定的控制权时，他们抵抗变革的可能性就会降低。英国政府就成立了一个助推小组，以解决政策和服务等方面的问题。此前，逾期缴税一直存在，但政府官员发现，在逾期缴税函中加上的那句"大多数人已按时缴税"大幅提高了缴税率。

7-S模型

7-S模型是一种权威的战略规划工具。它可以帮助管理者了解并评估影响组织变革能力的关键要素。

相互依存的要素

1982年，管理咨询公司麦肯锡的汤姆·彼得斯（Tom Peters）和罗伯特·沃特曼（Robert Waterman）在《追求卓越》一书中提出了7-S模型。此前，管理理论一直侧重于资源的使用和业务结构。随着组织规模越来越大、越来越复杂，协调也上升到与资源的使用和业务结构同等重要的位置。

7-S模型引入了这样一个想法：组织需要七个要素的协调才能实现目标。这些要素分为"硬件"和"软件"两部分。"硬件"包括战略（Strategy）、结构（Structure）和系统（Systems），通常与管理和领导力相关，并且往往涉及可衡量的目标和实际的任务。"软件"包括技能（Skills）、员工（Staff）、风格（Style）和共同的价值观（Shared Values）。"软件"和"硬件"一样重要，因为它们组成了组织的文化和环境，使团队能够实现目标。这七个要素同等重要且相互依存，一个要素发生变化，其他要素必须做出变化。

使用7-S模型

首先应该分析要素，看看它们之间的契合程度。接下来要确定最理想的要素契合方式。然后，应该定义并实施所需的改进或变革。

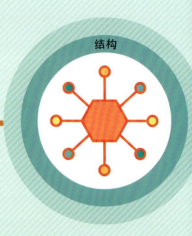

结构

确定谁对谁负责，以及他们之间沟通线路的层级结构。

技能

员工的能力，既包括个人能力，也包括集体能力。

员工

从实习生到首席执行官，包括组织的所有成员。

变革规划

7–S模型最常用于寻找绩效问题，即找出当前状况和预期目标之间的差异。管理者利用7–S模型，能够明确可以改进的领域、预测任何变革可能带来的影响、实施新的策略，以及针对干扰制定解决方案。这种方法在组织并购过程中十分有用，届时目标和价值问题会浮出水面。

调整模型

有人批评7–S模式只关注组织内部活动，而很少关注组织外部的重要活动。因此，可以添加另外两个"S"：利益相关者（Stakeholders）和设置（Setting）。如今，随着人们对全球环境的日益关注，另外一个"S"，即可持续性（Sustainability），也被添加到了这个模型中。

战略

实现目标并获得竞争优势的总体计划。

系统

员工用来完成工作的所有活动和程序。

"硬件"

传统上与组织运营相关的要素。与"软件"相比，它们更容易定义，也更容易受到影响。

"软件"

这些要素塑造的是组织文化，而非日常任务。它们确定了组织及员工的目标和重点。

风格

管理者与团队的互动方式。

共同的价值观

组织的使命和核心价值观，它们为所有员工设定了愿景和道德标准。

"如果员工不与组织携手共进，那么组织就转不起来。"

美国3D Systems公司副总裁
傅苹，2016年

数据和信息

为了及时做出有效的决策，管理者通常必须先处理数据，以找到所需的信息。在一个数据收集无处不在的时代，组织需要现代化的数据管理策略。

有效管理

管理者的决策必须以事实为依据，因此他们需要能够轻松访问任何给定问题的相关准确数据，并且需要采用一种可靠的方法来对其进行分析。如今，这可能真的是一个挑战，因为组织往往拥有海量数据，涉及客户、财务交易、市场营销活动、服务查询等。基于这些数据，组织可以更有效地运营并利用新的商机。但是，这样就迫使组织必须选用适当的数据管理策略。好的数据管理策略可以让管理者轻松访问组织的基本数据、筛选电子邮件和社交媒体流，以及找到可能对组织有用的事实、数据或观察结果。

收集数据
内部和外部数据可以由员工输入系统中，或通过各种不同来源以电子方式进行收集。

接收数据
数据分析员通过计算机算法筛选输入数据，并存储在相关区域。如果系统把所有类型的数据关联在一起，管理者就可以比较不同的数据集。

处理数据

如果管理者为了决策而必须处理各种数据，那么数据必须是相关的、准确的、最新的，并且检索过程要快速高效。全集成数据管理系统可以让这个过程更加容易，从而使管理者能够检查一组统计信息的来源或比较相似的数据。

数据、信息、知识、智慧

DIKW模型往往呈现金字塔的形状，它描述了数据转化为信息、信息转化为知识、知识转化为智慧的方式。这种分析和理解数据的线性过程有助于管理者做出正确的决策。

数据由一大堆事实、符号、测量值、数字或观察值组成。没有上下文，它是没有意义的。它需要由人或计算机进行组织、解释和验证，之后才会变成有意义的信息。重要的管理决策基于从数据中收集的信息，比如

确定员工是否过多。

做出正确的决策还需要知识，只有正确理解接收的信息才会得到知识。有了知识，管理者才可以在信息中找到模式并做出预测。接下来，智慧使管理者能够充分利用知识。

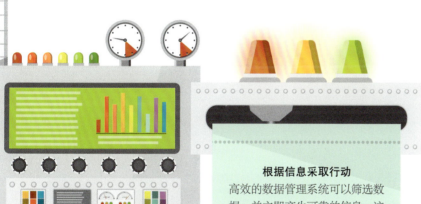

1.7兆

每个人每秒产生的字节数

数据无睡眠6.0项目，
Domo公司，2017年

审核数据

在理想情况下，数据管理系统中的数据应达到以下标准：管理者可以快速检索所需内容，可以检查数据是否是最新的、准确的，并将之与其他数据进行比较以转化为信息。

根据信息采取行动

高效的数据管理系统可以筛选数据，并立即产生可靠的信息。这有助于管理者制定决策并做出较快的反应，比如针对不断变化的客户偏好做出回应，从而使组织具有竞争优势。但是，在大多数情况下，管理者分析数据的经验仍非常宝贵。

决策

即使在信息不完整的情况下，也能在权衡后做出决策，这种能力是管理者不可或缺的。清晰的决策可以增强团队的信心，并确保大家朝着目标前进。

分析抑或直觉?

做决策包括几步：确定要实现的目标，收集必要的信息，评估可能的执行方案，然后做出坚定的选择。为了做出有效决策，管理者既需要理性分析，也需要直觉判断，这两者是相辅相成的。如果时间允许，并且需要做出深思熟虑的决策，那么分步分析可以派上用场。但是，很多组织业务发展速度很快，这常常要求管理者在信息有限的情况下快速做出决策。在这种情况下，直觉可能会体现它的价值。很多管理者有自己喜欢的决策风格。有些管理者始终注重细节和分析，有些管理者则认为这会打乱决策，因此他们依靠的是通过经验练就的直觉。最优秀的管理者会利用自己喜欢的决策风格，努力开发替代方案。

快速决策

丹麦组织理论家克里斯蒂安·克赖纳（Kristian Kreiner）和瑟伦·克里斯坦森（Søren Christensen）认为，管理者应该迅速做出决策，即使只有很少的信息也应该如此。他们建立的模型表明，管理者的决策结果与信息量逆相关。也就是说，拥有的信息越少，决策结果越好，反之亦然。尽管管理者在面对某个问题时，最初可能希望获得更多的信息，但随着信息量的增大，信息对最终决策产生的影响却在逐渐减小。

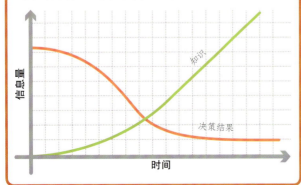

通过画图做决策

在做复杂决策时，首先要评估所有可能的结果，包括计划内和计划外的结果，这一点很重要。一种方法是绘制一张"是/否"图表。管理者可以用它画出自己的想法，并向受其影响的人解释其决定。

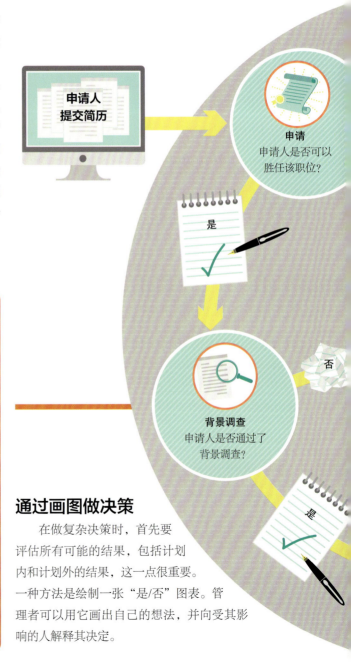

申请人提交简历

申请
申请人是否可以胜任该职位?

是 ✓

否

背景调查
申请人是否通过了背景调查?

是 ✓

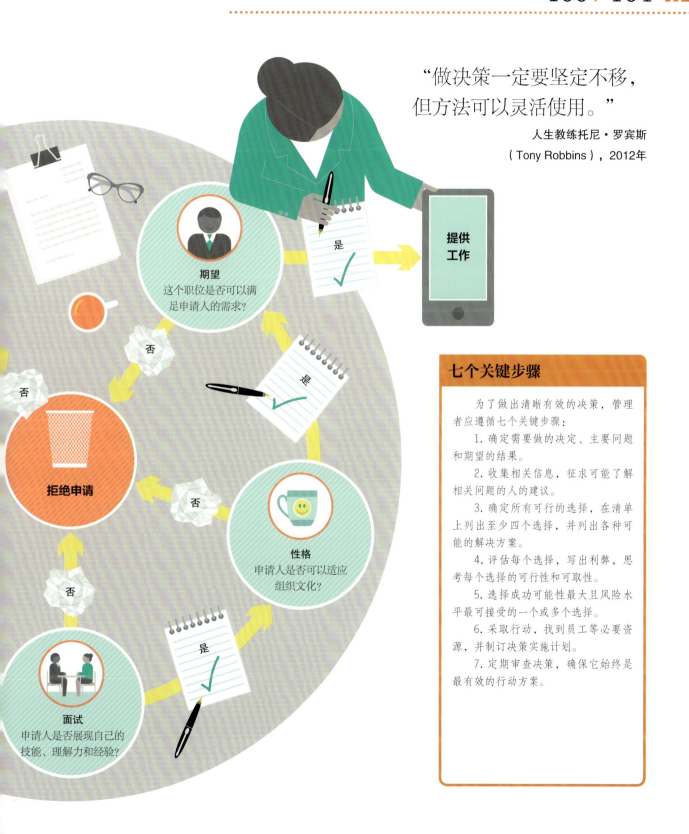

"做决策一定要坚定不移，但方法可以灵活使用。"

人生教练托尼·罗宾斯
（Tony Robbins），2012年

期望
这个职位是否可以满足申请人的需求？

是

提供工作

否

否

拒绝申请

否

性格
申请人是否可以适应组织文化？

否

是

面试
申请人是否展现自己的技能、理解力和经验？

七个关键步骤

为了做出清晰有效的决策，管理者应遵循七个关键步骤：

1. 确定需要做的决定、主要问题和期望的结果。

2. 收集相关信息，征求可能了解相关问题的人的建议。

3. 确定所有可行的选择，在清单上列出至少四个选择，并列出各种可能的解决方案。

4. 评估每个选择，写出利弊，思考每个选择的可行性和可取性。

5. 选择成功可能性最大且风险水平最可接受的一个或多个选择。

6. 采取行动，找到员工等必要资源，并制订决策实施计划。

7. 定期审查决策，确保它始终是最有效的行动方案。

力场分析法

　　一个成功的组织必须不断发展。力场分析法是管理变革的一个工具，它可以帮助管理者确定变革的驱动力和制约力。

正向力

　　20世纪40年代，社会心理学家库尔特·卢因提出了力场分析法，并在1951年出版的《社会科学中的场论》一书中进行了描述。卢因的基本思想是，每个组织都有推动变革的驱动力和抵制变革的制约力。如果这两种力达到平衡，局面就会比较稳定。但是，当驱动力超过制约力时，变革就成为可能。要想实施变革，要么需要增加驱动力，要么需要减弱制约力。

　　这两种力量可能来自组织内部或外部。

　　外部驱动力可能包括客户需求增加或新技术出现；内部驱动力可能包括需要提高利润、更新设备或更换人员。

　　外部制约力可能包括市场不景气或法规严格苛刻；内

升级医疗设备

　　一家医院的管理者面临这样一种情况：医疗设备已经过时，需要升级。这并不是一件简单的事，因为员工需要进行培训，安装过程也会干扰正常工作。这位管理者和团队一起做了力场分析，看看他们需要考虑哪些驱动力和制约力。他们给每项指标打分，最低1分，最高5分。最终，大家发现驱动力大于制约力，于是接受了变革。

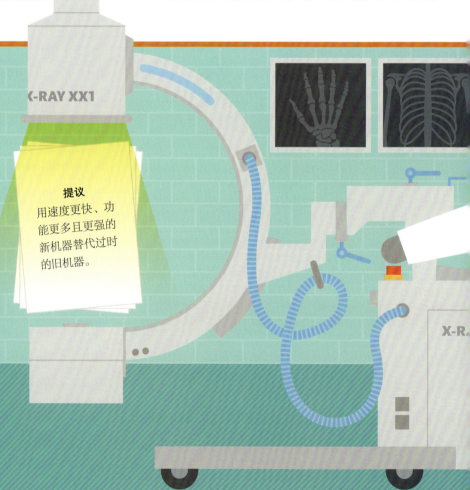

提议
用速度更快、功能更多且更强的新机器替代过时的旧机器。

部制约力可能包括成本增加或工作流程中断等因素。

分析过程

　　员工对变革的抵制可能是一个主要的内部制约力。管理者可以先与团队讨论变革，最大限度地减少这种阻力。管理者可以与团队一起绘制力场分析图，这样更直观。管理者要先说明组织希望通过变革达到哪些目标。接下来，由团队成员来确定驱动力和制约力。他们要对两种力分别做出评估，并进行打分，从1分（弱）到5分（强），并计算每种力的总分。团队成员还要确定哪种力会受到影响或是可以灵活变化的。然后，管理者制定策略以增强驱动力并减弱制约力，这一过程也可有团队成员的参与。最后，管理者确定行动步骤的优先级，并确定实施这些行动所需的资源。

　　力场分析法的好处在于，管理者和团队有时间深入讨论问题，说出各自的担忧，并提供解决方案，以达成共识。潜在的陷阱则包括评分存在主观性、团队成员因支持或反对变革而出现分歧，以及因并非所有团队成员都参与其中而导致的分析不完整。

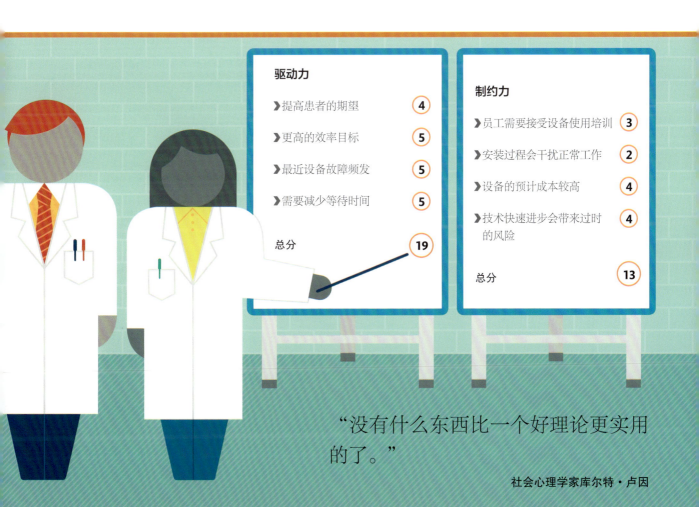

驱动力

▶ 提高患者的期望 ④

▶ 更高的效率目标 ⑤

▶ 最近设备故障频发 ⑤

▶ 需要减少等待时间 ⑤

总分 ⑲

制约力

▶ 员工需要接受设备使用培训 ③

▶ 安装过程会干扰正常工作 ②

▶ 设备的预计成本较高 ④

▶ 技术快速进步会带来过时的风险 ④

总分 ⑬

"没有什么东西比一个好理论更实用的了。"

社会心理学家库尔特·卢因

SWOT分析

SWOT分析是一种看似简单但功能强大的工具，管理者可以用它来确定可能会影响组织各个运营部门绩效的内部和外部因素。

审时度势

1966年，美国管理顾问阿尔伯特·S.汉弗莱（Albert S. Humphrey）使用《财富》世界500强公司的数据开发了SWOT分析法。它是一种创新的系统性工具，管理者可以用来审视组织遇到的优势、劣势、机会和威胁。它可以用于日常业务运营、一次性的项目或制定新的业务策略，还可以用于检验长期的市场机会，或吸引员工参与到组织的战略制定当中。

进行SWOT分析时，管理者首先要找出内部优势和劣势。这些因素在管理者或组织的控制范围内，包括员工、产品组合、营销能力、制造能力和组织结构等方面。接下来，管理者要评估外部的机会和威胁。这些是组织无法控制的因素，包括客户习惯的改变、环境可持续性、经济前景、技术进步等方面。

设定明确的业务目标，比如运营或财务目标，也是SWOT分析的核心。管理者找到内部和外部因素后，就可以评估它们对实现业务目标的正面和负面的影响。

PEST分析模型

人们认为，PEST分析模型由哈佛大学弗朗西斯·阿圭勒教授（Francis Aguilar）创建。PEST是政治（Political）、经济（Economic）、社会（Sociological）和技术（Technological）的英文首字母缩写。PEST分析有助于管理者确定可能影响组织的外部因素。在进行SWOT分析之前，管理者可以先进行PEST分析。

评估

在做出关键决策时，SWOT分析非常有用。弗雷达·弗卢尔在镇北开了一家面包店，专门销售工匠面包和无麸质蛋糕。这家面包店很成功，拥有忠实的客户群。弗雷达想在小镇南边开设一家分店，不过她知道那里已经有一家面包店了。她做了SWOT分析，以评估潜在的风险和回报。

"预防风险不是管理者的工作，确保安全地承担风险才是他们的工作。"

皮克斯动画工作室联合创始人艾德·卡姆尔（Ed Catmull），2014年

S

优势
▶ 高品质的食材
▶ 差异化的产品
▶ 面包店的现有忠实客户群
▶ 专业的烘焙知识

W

劣势
▶ 手工制作和原料成本导致零售价较高
▶ 高端产品市场有限
▶ 只有弗雷达一个人具备专业的烘焙知识

O

机会
▶ 健康饮食理念的增长趋势
▶ 新店毗邻有机蔬菜水果商，与面包店的理念相匹配
▶ 新店位于火车站附近，人流量大

T

威胁
▶ 工匠面粉的价格可能上涨
▶ 竞争对手由于不卖高端产品，所以价格较低
▶ 超市提供无麸质和手工面包的在线订购服务

SWOT蓝图

　　SWOT分析最适合开放性的问题。比如，管理者可以问如下问题：

▶ **优势**：客户喜欢我们产品的哪个方面？我们在哪些方面比当地其他公司做得好？

▶ **劣势**：我们有哪些地方可以提高？为什么客户不喜欢我们的产品或不喜欢从我们这里购买产品？

▶ **机会**：消费趋势有哪些变化？我们可以利用竞争对手的哪些弱点？

▶ **威胁**：竞争对手可能采取哪些会影响我们的措施？哪些社会/购物趋势可能会威胁我们？

战略规划

　　弗雷达针对SWOT分析制订了下列计划：

▶ **优势**：新店要建立强有力的客户关系，就像现有面包店的忠实客户群一样。

▶ **劣势**：要为新店招聘和培训专业面包师。

▶ **机会**：采购合乎道德标准的食材，满足人们对健康饮食日益增长的兴趣。

▶ **威胁**：采购便宜的原料或降低利润。

关键路径分析

关键路径分析是一种项目管理工具，可以用于安排完成各项任务的时间。通过将任务绘制在一条路径上，并且确定优先级，整个项目便一目了然，资源也可以得到规划和优化。

优化项目工作

通过关键路径分析，管理者能够以最省时的方式按照正确的顺序完成项目的各项任务。它还有助于避免优先级冲突和瓶颈问题。具体来说，首先要确定关键任务，也就是其他任务都依赖的任务，并给它们安排好正确的顺序，这样就会创建一条关键路径。接下来，管理者要估计完成每项任务所需的时间，这些时间加在一起就是完成项目所需的总时间。浮动任务，也就是非关键任务，可以被安排在项目的适当阶段，与关键路径平行，并在整个时间框架内完成。

盖房子

1956年，詹姆斯·凯利（James Kelly）和摩根·沃克（Morgan Walker）在制订曼哈顿计划时提出了关键路径分析。该模型非常适合用来规划需要精确调度不同人力和物力资源的复杂项目，比如盖房子。右侧的简化方案在关键路径上标出了11项关键任务，时间为34天，这是完成该项目的最长时间。管理者要找出依赖项目，也就是依赖于其他任务的项目，从而确定进度，看看哪项任务的延迟会导致整个项目的推迟。

✓ 须知

➤ 快速跟进指同时执行多个浮动任务，以减少完成项目的总时间。

➤ 赶工指为完成任务分配更多的资源，以便更快地完成任务。

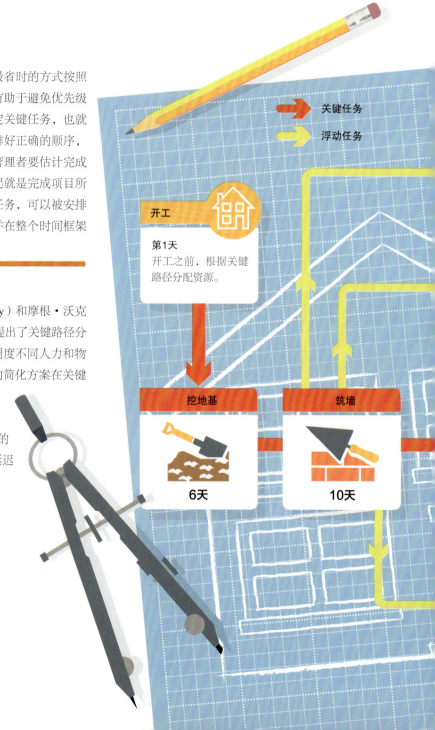

关键任务

浮动任务

开工

第1天
开工之前，根据关键路径分配资源。

挖地基

6天

筑墙

10天

"一个项目怎么能晚一年完成？顶多晚一天。"

美国计算机科学家弗雷德里克·布鲁克斯（Frederick Brooks），1975年

利与弊

▶ **利**：可以详细评估每项活动的需求。

▶ **利**：可以优化资源配置。

▶ **利**：可以降低风险和成本。

▶ **弊**：可靠性完全依赖假设和估计。

▶ **弊**：无法保证成功，仍然需要有效地管理每项任务。

▶ **弊**：有空闲时间，但不会有空闲资源。

基础布线 2天

完善布线 1天

铺设基础管道 3天

完善管道 2天

装修 3天

修建房顶 5天

修建石膏墙 10天

铺地 3天

修建花园和景观设施 3天

完工

第34天

如果按计划将劳动力和材料分配给每个任务，房子需要34天盖好。

解决问题

解决组织内部出现的诸多问题是管理者的一项职责。管理者要了解问题出在哪里，并制定有助于预防问题再次出现的方案。

学习和改善的机会

尽管管理的一个关键目标就是预防问题的出现，但问题确实出现时，要有效地进行研究、分析和解决，这一点也同样重要。从原材料未能按时发货到安全警报，再到骚扰索赔，各种问题都需要可行的解决方案和措施来阻止它们再次发生。

如果处理得当，问题会成为学习和改善的机会。经验丰富的管理者具有系统思考问题的能力。他们会评估问题的优先级，找到事实，查明根本原因，并努力寻求最佳的解决方案。掌握这一可以用于解决大多数问题的过程有助于避免进一步的麻烦。能够有效解决问题的管理者是组织成功的关键。

行动计划

从小问题到大危机，管理者要面临的问题多种多样。要解决这些问题，管理者需要具有筛选事实、提出正确问题，以及准确诊断出问题所在的能力。这里介绍的步骤旨在通过分析和讨论达成一个可以被所有人接受的解决方案。出现问题时，始终如一地做到以上这几点可以增强团队的力量，有助于组织的健康发展。

1 了解问题
查明问题并确定问题优先级：

➤ 确定问题的性质及其重要性，如果问题不解决，是否会造成重大后果。

➤ 评估问题的紧迫性及等待是否会使问题恶化。

➤ 思考能采取的措施是否可以防止情况恶化。

须知

➤ 积极倾听是解决问题的一项关键技能。积极倾听指全神贯注于别人所说的话，而不是被动地听。

➤ 头脑风暴是一种激发创意的方法。寻找解决方案时，这个方法可能非常有效。

➤ 管理者需要避免应急管理，因为它很容易让管理者不断介入而忽略日常工作。

3 制定解决方案
只有了解了真正的问题，管理者才能开始探索解决问题的方法。例如：

➤ 让他人参与进来，以便征求不同的意见。

➤ 将大问题分解为可以解决的小问题。

➤ 从侧面思考，以便找到一种创新的间接解决方案。

> "问题就是披着工作服的机会。"

美国实业家亨利·凯泽
（Henry Kaiser），1967年

2　找到所有因素
从多个角度研究问题：

❯ 花时间倾听所有相关人员的意见。
❯ 找出根本原因，不要治标而不治本。
❯ 不要假设，要寻找事实。
❯ 提出正确的问题。

4　按计划行事
按照以下步骤解决问题：

❯ 选择最佳解决方案。
❯ 将其写下来，总结所有建议。
❯ 与所有相关人员沟通，并制定解决方案。
❯ 如果可能的话，找到防止问题再次出现的方法。

提出正确的问题

要想有效地解决问题，就不要立刻做出判断，而要提出正确的问题。最好的问题是开放性的，并以"谁""什么""何时""何地""为什么"及"如何"开头。拉迪亚德·吉卜林（Rudyard Kipling）称其为"六个诚实的男仆"。关注这些问题并加以扩展有助于避免泛化，可以使管理者准确找出事实。

谁？　什么？　何时？　何地？　为什么？　如何？

找出原因

解决问题是管理者的一项重要工作，但并非所有问题都有显而易见的解决方案。为了理解问题，管理者必须首先找到并分析所有可能的原因。

挖掘根源

20世纪60年代，日本组织理论家石川馨（Kaoru Ishikawa）提出了"因果分析法"。通过这种方法，管理者可以清晰地确定问题、解决问题，并确保问题不会再发生。

第一步是确定问题，包括正在发生的事情、发生的地点及受此影响的人。下一步是将所有可能的原因归为六类：过程、设备、材料、人员、环境和管理。最佳的方法是绘制鱼骨图。鱼骨图中间的一条主线代表问题，六个类别分别位于与主线垂直的线上。管理者可以在每个类别下方画多条水平线，写出问题的所有可能原因。这个过程可能涉及详细的调查，比如采访员工。

确定了所有的可能原因后，管理者就会清楚问题出在哪里，以及应采取什么解决措施。随后，管理者应迅速采取行动，并将从中得出的教训悉数传达给组织内部的所有人。

鱼骨图

从这幅鱼骨图中管理者可以看到，某个组件的生产产生了太多的次品，浪费率很高。"鱼头"处标明了问题所在，然后细分为石川馨提出的六个类别。每个主要原因又进一步分为不同的细分原因。比如"人员"一项包括缺乏培训和团队冲突等因素。最后一步是分析整个鱼骨图。在这个例子中，问题出现的主要原因是使用了不合格的材料。

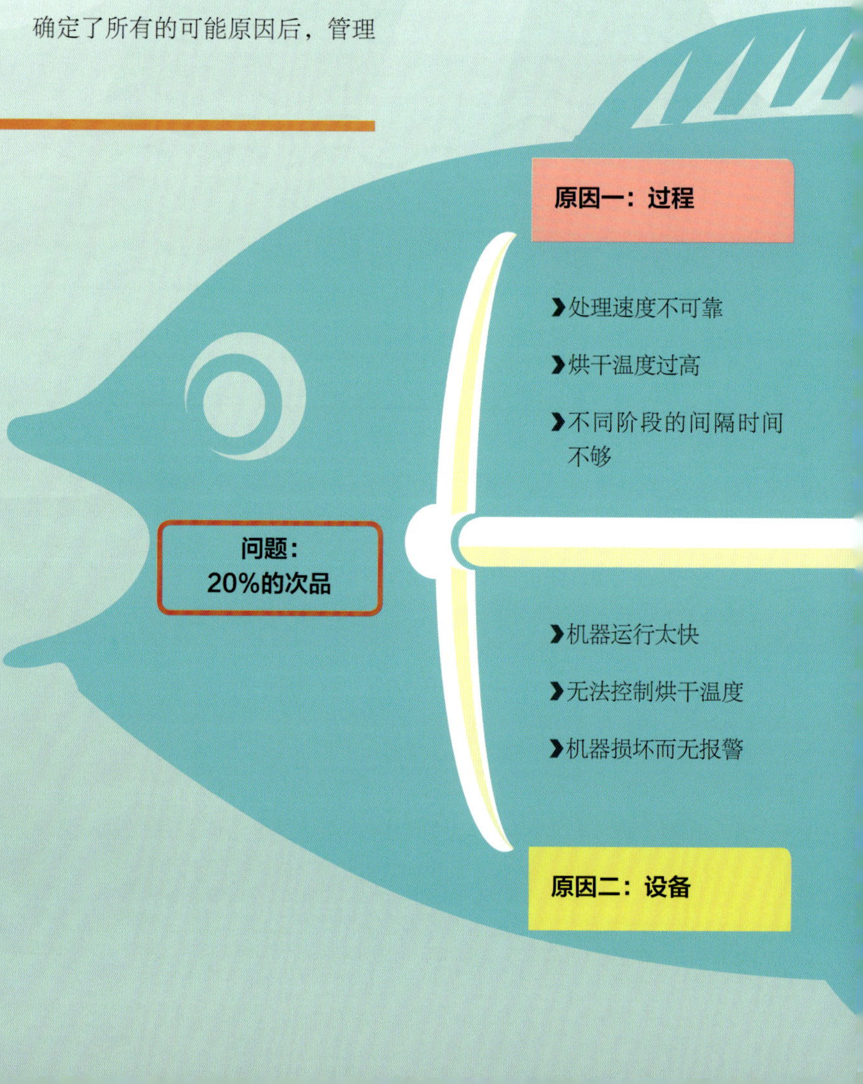

原因一：过程

▶ 处理速度不可靠

▶ 烘干温度过高

▶ 不同阶段的间隔时间不够

问题：20%的次品

▶ 机器运行太快

▶ 无法控制烘干温度

▶ 机器损坏而无报警

原因二：设备

"失败是成功的种子。"

日本组织理论家石川馨

"五个为什么"

　　"五个为什么"是直指问题核心的一种快速方法，这种方法由丰田公司开创。它通过反复询问"为什么"来追踪问题的原因。管理者通常需要问五次"为什么"，第一个问题的答案将成为第二个问题的基础，以此类推。比如，如果工厂的一名工人摔倒受伤了，那么下面五个问题可以帮助管理者找到工人摔倒受伤问题的根源。

工厂的一名工人摔倒受伤了，
五个问题有助于找到原因

❯ 为什么？机械部门的地板上被滴了油。
❯ 为什么？其中一台压机在漏油。
❯ 为什么？密封质量差。
❯ 为什么？从新供应商那里购买了低于标准规格的低成本密封件。
❯ 为什么？公司发布了降低制造成本的指令。

须知

❯ 可解决的问题指问题中可以得到解决的部分，管理者应设法解决。
❯ 无法解决的问题指问题中无法解决的部分。必须找到这些问题，这样管理者便不会把时间浪费在此。
❯ 原因筛选这种方法可以帮助管理者评估某个问题的原因的潜在影响，以及预防这一问题出现的难易程度。

原因三：材料

❯ 原材料质量不均
❯ 原材料质量等级较低
❯ 子零件的组装不正确

原因五：环境

❯ 机器周围空间不足
❯ 通风不良，导致温度过高
❯ 工作区不整洁，掩盖了问题的根源

❯ 团队冲突
❯ 缺乏培训
❯ 团队成员无法向管理者汇报问题

❯ 管理者不善于应对变革
❯ 没有明确的责任链
❯ 目标只注重数量而非质量

原因四：人员

原因六：管理

设计思维

管理者拥有设计思维的最初目的是发现客户需求，不过所有管理者都可以利用设计思维来查明并解决组织内复杂而具有挑战性的问题。

解决问题

管理者遇到的很多问题很明确，比如机器损坏或资金不足，但也有一些问题没有那么一目了然，比如为什么员工表现不佳。在这种情况下，设计思维是找到解决方案的有用工具。传统的解决问题的方法是找出根本原因，而设计思维与此不同，它要求管理者将注意力集中在谁会从解决方案中受益。运用设计思维是一种按部就班的方法，管理者应从相关人员的角度寻求理解和解决问题的方法。首先要了解这些人是谁，并确定他们的需求，比如员工的角色和他们为提高业绩所需的工具。然后，管理者应该在这些信息的基础上进行横向和创造性的思考，并让相关人员参与其中，以激发灵感。接下来，管理者要寻找潜在的解决方案，比如新的工作方法或新的管理结构，并在实施之前对其进行测试。尽管运用设计思维很耗时，但管理者可以通过这种方法来制定解决方案，以使特定的员工受益，从而使整个组织受益。

案例研究：苹果公司

1976年，史蒂夫·乔布斯（Steve Jobs）与他人联合创立了苹果公司。20世纪80年代和90年代，由于计算机市场竞争激烈，苹果公司步履维艰。乔布斯离开了苹果公司，后于1997年重回公司，并使用设计思维根据客户的实际需求开发产品。苹果公司在1998年推出了iMac，在2007年推出了iPhone，均取得了巨大的成功。不论开发新产品，还是寻求解决棘手问题的方法，任何管理者都可以使用乔布斯遵循的方法和流程。

2

确定问题
根据从相关人员那里收集的所有信息，确定要解决的问题。关注他们的需求，而非组织的需求。

1

移情
与人们建立联系，研究他们的需求。在满足他们的需求之前，充分了解他们的实际需求。

电话

现在

六种思维方式

　　爱德华·德·波诺（Edward de Bono）是全球权威的思维技巧大师，于1985年出版了《六顶思考帽》一书。他提出了六种思维方法，其中每种不同颜色的帽子代表一种思维方式。

　　为了有效地解决问题，管理者应该试戴不同颜色的帽子，也就是以不同的方式思考，还应该鼓励团队中的其他人也这样做。

中立	乐观	判断	情感	创造力	组织
仅关注事实和数据，以确定所有相关信息。	探索想法和计划的积极方面和好处。	考虑陷阱、危险，以及可能的后果。	评估直觉，寻求他人的意见，并表达自己的意见。	考虑所有的可能性、替代方案和新思路。	确定问题，管理思考过程，并进行总结。

3

形成概念
集思广益，以解决问题。这需要创造力、分析判断力和冒险精神。

4

原型
有了想法之后，要将其开发为可行的解决方案或原型产品。这些方案或产品要简单易用，可以解决第二阶段中确定的问题。

5

测试
在潜在使用者中测试解决方案或新产品，以便评估它们的优缺点。测试可能最终表明问题需要被重新定义。

喂？

"大多数人误以为设计只针对产品的外观。设计注重的其实是产品的工作方式。"

苹果公司联合创始人史蒂夫·乔布斯，2003年

未来

打破僵局

当各方无法就某个问题达成共识时，管理者就需要介入了。通过策略剖析问题有助于打破僵局，帮助各方找到大家都可以接受的解决方案。

打破恶性循环

当双方或多方针对某个问题存在不同的解决方案，并拒绝更改自己的需求时，僵局就可能会出现。无论是什么原因造成的僵局，比如一次交易、组织内部的问题或与第三方的谈判，打破它都需要大量的交际手段。如果僵局存在于不同的部门成员之间，或存在于一个部门与另一个部门或外部机构之间，管理者就需要充当调解人的角色。通常情况下，每一方都认为自己的解决方案是正确的，而另一方是错误的，每一方都更在意自己的面子而不是重新审视原本的问题。各方都不想输掉这场比赛。

管理者必须跳出争端，公平公正地看待各方。在内部僵局中，最好找一个中立的人担任调解人，要采用一定的策略确定各方的观点、分歧所在及其原因，以及各方都同意的观点，这样有助于打破僵局，达成妥协。

群体决策

英国有一家生产有机T恤的公司。玛丽是这家公司的经理，下面有两位高管乔治和马克，他们在是否引进新机器上陷入了僵局。乔治负责财务，马克负责人力资源。由于两者的角色不同，他们的假设、利益和信息各不相同。乔治担心的是资本成本，因为他要对公司的利润率负责。马克担心的是所需的培训时间，以及组织的进一步变革是否会影响员工的动力。玛丽需要得到团队的一致认可，所以召开了一次会议，并遵循了五个步骤。通过共享信息，他们都认为新机器值得引进。

连点成图

组织心理学家罗杰·施瓦茨（Roger Schwarz）将僵局描述为成人版的连点成图游戏。当团队陷入僵局时，"点"代表每个人的假设、利益和信息，他们用这些点绘制自己的图片。连点成图是一个推理过程，但每个团队成员都有自己的点，他们以不同的方式连接这些点，得出自己认为正确的解决方案。因各种解决方案而争论时，如果不先了解各自的假设、利益和信息，结果只能是陷入僵局。

"……僵局……至少具有某种优势……会迫使我们思考。"

印度第一任总理贾瓦哈拉尔·尼赫鲁（Jawaharlal Nehru），1942年

1 确定每个团队成员的假设、利益和信息，以了解他们所持的观点。

2 查明团队成员不认同的所有假设、利益和信息。

3 研究为什么每个团队成员都有自己特定的假设、利益和信息。

4 找出需要解决哪些假设、利益和信息以打破僵局。

5 共同开发一种解决方案，整合团队成员共同的假设、利益和信息。

业务流程

与项目一样，业务流程也由一系列相关的活动组成。不过，项目是临时的，完成变革、交付新产品或服务后，项目就结束了，而业务流程是组织常规工作的一部分。

一系列步骤

业务流程的概念起源于制造业。在制造过程中，材料从原始状态经过一系列步骤最终变为成品。不过，其他领域也有业务流程。就餐馆而言，业务流程可能涉及接受预订、招呼顾客、帮顾客点菜，以及做菜和上菜。

人们普遍认为，可以通过四个高级的业务流程来管理企业，它们分别是赢得订单、完成订单、服务客户、开发新产品或服务。这些业务流程的每一项都可以进行细分。比如说，赢得订单这一流程可以细分为（通过营销活动）吸引客户和（通过销售活动）供应订单。管理者必须了解并改进自己负责的业务流程及其相关工作。为此，业务流程图应运而生。

业务流程图

管理者需要经常分析业务流程，看看其中所涉及的工作步骤是否必要、是否有效和高效，以及是否会起到增值的作用。业务流程图有助于管理者理解整个业务流程的各个阶段（右下图以餐馆预订为例）。接下来，管理者要设计和实施改进的流程。改进可能包括去掉不必要的步骤或找到更好的处理方法，例如引入自动化。

现有流程

右图是一家餐馆当前的预订流程。工作人员需要接听电话并浏览日历为顾客找到合适的预订日期，这涉及一系列工作步骤。

1 通过营销活动吸引顾客，提供预订电话。

2 工作人员随时接听顾客的预订电话。

改进流程

餐馆改进流程，将预订和选择日期等一系列步骤简化为一步。

1 通过营销活动吸引顾客，提供预订网址。

两种业务流程

通常来说，业务流程有两种，一种是"增值流程"，一种是"非增值流程"。前者所涉及的流程会为客户或用户提供价值；后者则属于支持流程，比如信息技术服务或财务管理，不会直接为客户或用户提供价值。

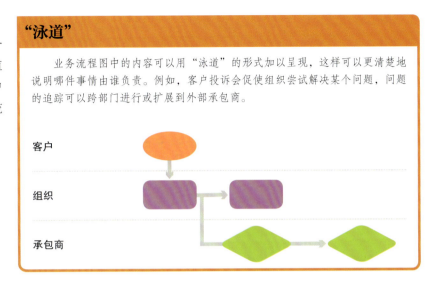

"泳道"

业务流程图中的内容可以用"泳道"的形式加以呈现，这样可以更清楚地说明哪件事情由谁负责。例如，客户投诉会促使组织尝试解决某个问题，问题的追踪可以跨部门进行或扩展到外部承包商。

客户

组织

承包商

> **"要责备的是流程，而不是人。"**
>
> 世界著名质量管理专家W. 爱德华兹·戴明
>
> （ W. Edwards Deming，1992年 ）

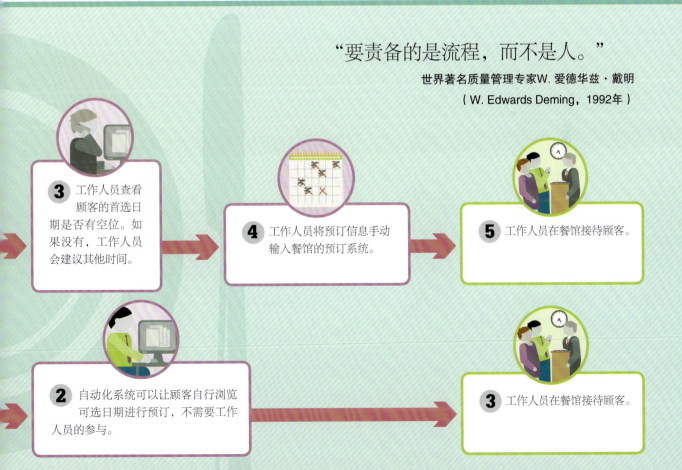

3 工作人员查看顾客的首选日期是否有空位。如果没有，工作人员会建议其他时间。

4 工作人员将预订信息手动输入餐馆的预订系统。

5 工作人员在餐馆接待顾客。

2 自动化系统可以让顾客自行浏览可选日期进行预订，不需要工作人员的参与。

3 工作人员在餐馆接待顾客。

价值链

价值链指开发产品或服务过程中的一系列活动。管理者需要确保每项活动都有效地进行，以使产品的价值最大化。

价值链管理

美国学者迈克尔·波特在1985年出版的《竞争优势》一书中提出了"价值链"的概念。从原材料输入到分销，价值链包括为最终产品增加价值的所有活动。为了使组织获利，产品或服务的最终价值必须超过创造它们的成本。

价值链管理会将运营分解为较小的部分，这样更容易看清楚流程的每个阶段都发生了什么，以及了解不同阶段之间的连接方式。首先，将增值活动分为两类：基本活动

和支持活动。接下来，要确定成本动因，分析是否可以在不对其他活动造成不利影响的前提下降低成本。成本动因指任何会影响活动或流程成本的因素，比如工时。然后，要确定差异化活动，比如提高产品质量、创新和营销，这些活动会增加产品的价值，并使其具有竞争优势。价值链管理可以让我们看到如何增强（或消除，如有必要）各种活动来增加价值。

基本活动

进货物流
对业务流程中要使用的原材料、零件或信息进行接收、存储和分发，并与供应商联络。

运营
将原材料和其他资源转化为面向客户的最终产品的一系列活动。

支持活动

购买
为获取业务流程所需的原材料和其他资源而进行的活动。

价值链的组成
价值链包含两个要素：创造产品或服务的基本活动，比如物流和市场营销；与基本活动并行并助其平稳运行的支持活动，比如人力资源管理。

✓ 须知

- ▶ 销售毛利指产品或服务的销售价格减去直接成本后的金额。
- ▶ 资产收益率指根据公司资产计算赢利能力的一种方法。
- ▶ 成本动因是导致业务活动或流程成本上升或下降的因素。
- ▶ 差异化优势指产品或服务超出竞争对手的部分。

"如果不能增加价值，
那就是浪费。"

福特汽车公司创始人亨利·福特，
约20世纪20年代

市场营销和销售
广告、促销活动的目的是销售产品或服务，并使买家远离竞争对手，可能还包括售后服务。

出货物流
与为客户提供产品或服务有关的所有活动，其中可能包括与外部的运输、仓储或配送公司联络。

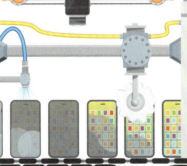

服务
在产品或服务卖出或完成后，保持产品或服务对买方有效的必要活动，比如技术支持或软件更新服务。

人力资源管理
招募、培训、培养、留住员工（或在必要时将其解雇）的活动。

技术和基础设施
业务流程中使用的设备和工艺流程，以及法律、财务和会计等辅助功能。

精益生产

精益生产的目的是找出客户想从产品中得到什么，并交付产品。管理者可以据此引导自己的团队和资源，最大限度地提高生产力，减少浪费。

确定价值

精益生产首先要确定客户认为从某个产品中可以获得多少价值，这会影响他们愿意支付多少钱来购买产品。管理者及其团队可以在此基础上完善价值流，即生产产品和交付产品过程中的所有活动。管理者要消除所有非增值活动，比如滞销产品的仓储管理。精益生产可以使流程更快、效率更高、产品质量更好。

20世纪初，亨利·福特首次提出了"精益生产"的概念，但日本汽车制造商丰田公司将其做到了极致。精益生产依赖于整个业务流程的流畅性，所涉各方之间要不断地沟通以完善这一流程。

> "人们去丰田不是去工作的，而是去思考的。"
>
> 丰田生产方式创始人、工程师大野耐一（Taiichi Ohno），
> 1978年

改变世界的机器

20世纪50年代，丰田公司将精益生产压缩至五大原则，以尽可能地提高汽车的制造效率。它还确定了应该避免的七种浪费，此后又增加了"未充分利用的员工"，达到八种浪费。丰田公司的目的始终是减少各种浪费，同时使价值最大化。

1. 找出价值
找出客户最看重流程或产品中的哪一点。

2. 确定价值流
确定流程从始至终的所有活动，以消除任何非增值活动。

浪费的种类

不良品
浪费了劳动力和资源而未能满足客户期望的产品

生产过剩
超过客户需求的多余产品

等待浪费
等待下一步流程开始之前的无效时间

未充分利用的员工
员工的技能和知识未得到充分利用

改善

KAI ZEN

改 善

CHANGE GOOD

"改善"（Kaizen）是第二次世界大战后起源于日本制造业的一个概念，因专注于以低成本生产高质量的产品而流行起来。"改善"的意思就是"好的改变"，它要求管理者不断对工作环境进行细微的改善，以提高生产力和效率。它还鼓励员工提议如何改善工作，范围不仅限于生产线，而是涵盖整个组织。"改善"这一概念对日本企业产生了巨大的影响，特别在即时制造领域。如今，丰田公司仅需几个小时就可以完成一辆汽车的组装。

3. 流动起来
将能够创造价值的活动加以组织，形成协调有序的序列，以便整个流程可以顺畅地流动，从而将产品交付给客户。

4. 需求拉动
只有客户或流程下一阶段的工作人员有需求时，才启动下一项新的活动。

5. 尽善尽美
持续完善流程，直到完美地创造出价值，同时确保没有产生浪费。

运输浪费
在运输产品和材料时浪费的不必要的时间、资源和金钱

库存浪费
原材料和成品库存过多

过度处理
返工产品或生产规格超出要求的商品

移动浪费
由于工作流程欠佳而浪费的时间和精力

达成目标

设定目标、执行目标，然后监督目标是否完成是任何组织的核心职能。管理者可以使用两种战略模型来达成目标。

以目标为指导

20世纪50年代，彼得·德鲁克提出了目标管理模型；20世纪90年代，罗伯特·卡普兰（Robert Kaplan）和戴维·诺顿（David Norton）引入了平衡计分卡。目标管理的目的是通过制定明确的目标来提高绩效。这些目标要征得管理者和员工的同意，并依赖于组织的使命和愿景。管理者可以让员工参与规划和确定目标，给员工更多的权利，并提高他们的敬业度。从目标管理模型可以看出，业

两个模型的融合

目标管理可以与平衡计分卡同时使用，也可以为平衡计分卡提供信息，因为这两种模型的目的都是通过制定策略和目标而获得成功。例如，目标管理可用于设定目标，而平衡计分卡可以用来衡量目标。此外，平衡计分卡的四个维度也可以用来设置目标管理的目标。

1. 审查组织目标，并为特定的审查期设定目标。

2. 根据组织目标使用SMART原则与员工的目标达成一致。

3. 监督部门的工作进度。

4. 评估部门绩效。

5. 奖励达成目标的员工。

采用目标管理

管理者设定目标，并在特定的时间内进行审查。该模型以奖励为基础，个人会因为达成目标而得到认可。

务和员工绩效可以在组织内部进行管理，而客户和利益相关者可以从组织外部衡量组织的成功。

衡量目标的达成

平衡计分卡是一种被广泛使用的绩效评估工具，有助于将使命和愿景转化为运营行动，并评估目标管理的效果。管理者通常不用平衡计分卡来评估个人绩效，而是根据经营策略评估团队绩效。平衡计分卡关注的是四个可衡

量的维度：顾客感知、内部业务流程、财务，以及学习和成长，同时组织要始终牢记使命和愿景。平衡计分卡揭示了达成目标的过程，并强调可以在哪里做出改变和提高。管理者可以结合平衡计分卡和目标管理，与团队协调一致以达成可衡量的目标。

采用平衡计分卡

管理者以组织的使命和愿景为基础，为四个可衡量的维度分别制定记分卡，确定目标、对象和计划，将组织的目标化为行动。

顾客感知指组织为了使命和愿景而希望呈现给顾客的样子。

学习和成长代表着组织自我教育和创新的能力，组织因此能够不断变革和改善。

用组织的使命和愿景来评估四个可衡量的维度。

内部业务流程是增加价值的内部实践，是确保股东和客户满意的必要条件。

财务主要基于组织过去的表现，以货币形式评估所选战略的长期可行性。

关键绩效指标

关键绩效指标（KPI）为管理者提供了一个框架。管理可以用它来监控组织内特定领域的运营状况，并确定潜在的改进措施。

了解关键绩效指标

要想执行关键绩效指标考核，管理者必须首先确定组织内哪些板块有利于组织获得成功，比如制造和销售。管理者要为每个板块设定可以衡量的绩效目标，然后定期进行监督，比如每周、每月或每个季度。要想评估每个板块的绩效，管理者应该将实际情况与设定的目标进行比较。管理者据此可以清楚地了解组织的哪些方面表现良好，以及应该把注意力集中在哪些方面，以便及时解决问题。长期执行关键绩效指标考核还有助于管理者确定绩效的变化趋势，看看未来哪些要加以利用，哪些要防微杜渐。

目标追踪

马尔科为了评估自己餐厅的业绩，找到了影响成功的六个重要因素，其中包括顾客满意度、食品销售和送餐时间等。他给每个因素都设定了目标，然后要求高级员工想办法实现目标，并记录相关进度和每周汇报结果。到季度末的时候，马尔科能够很清楚地看到哪些方面一直表现不错，哪些方面需要改进。

> "只有能被测量的东西才能被管理。"

美国行政管理学家V. F.里奇韦（V. F. Ridgway），1956年

顾客满意度
马尔科希望每个月网上能多10条好评。

送餐时间
外卖订单应在半小时内送出，目前达成率为70%。

如何设定关键绩效指标

任何类型的组织都可以执行关键绩效指标的考核。不过，要想看到有意义的结果，关键绩效指标应该仅限于能够促进组织成功的方面。因此，管理者需要明确究竟要在组织的哪些方面采用关键绩效指标考核，以及如何采用。管理者设定的目标必须切合实际，而且是可以实现的，这一点很重要。如果目标设得过高，组织很有可能无法达到，人们因此无法看到组织真正的潜在绩效。管理者在设定关键绩效指标时，必须做到以下几点：

❯ 要有名称和目的，说明衡量的是什么，以及为什么衡量。

❯ 目标可以灵活，但在一定时间内必须是可以实现的。

❯ 要有一个公式，确保每次的计算方法都相同，比如以百分比进行计算。

❯ 设定计算和审核指标的频率。

❯ 指派专人或团队评估指标并采取行动。

✓ 须知

❯ 关键绩效指标必须与组织的目标和战略保持一致。

❯ 数据准确对关键绩效指标的有效性至关重要。

❯ 每个关键绩效指标都要有可靠的数据支撑。

❯ 向员工说明关键绩效指标考核的目标，鼓励他们实现预期的结果。

❯ 关键绩效指标应该随着组织绩效的变化而变化。

6/10

食品销售
销售额每月要增长5%，马尔科需要达成这个目标。

5/10

食品浪费
马尔科希望将浪费减少25%，这仍是一个需要关注的地方。

7/10

向上销售
要求员工提高配菜的销售量，这一点做得很成功。

8/10

员工满意度
马尔科希望员工很开心，他很满意目前的结果。

3

人员管理

团队的角色

管理离不开打造成功的团队。如果每个团队成员的角色都能与个人能力和兴趣相匹配，那么这样的团队将是最优秀的团队。

组建团队

管理者的一项职责就是组建团队来完成任务和项目。每个团队都有自己的职能，每个团队成员都有自己特定的角色。管理者的工作是决定每个团队成员应该负责什么工作。20世纪70年代，管理心理学家梅雷迪思·贝尔宾（Meredith Belbin）博士提出了一种方法，并在1981年出版的《管理团队》一书中进行了阐述。

九个角色

贝尔宾做了五年的实验，希望找到有助于成就卓越团队的行为类型。尽管他得出结论——没有完美的团队，但他根据九种行为确定了九个关键的团队角色。

管理者可以通过贝尔宾确定的九个角色优化团队，并且在招募团队成员时确保团队成员的性格能使某个特定任务的成功率最大化。重要的是，贝尔宾指出，这九个角色各自都有内在的弱点，比如，富有创造力的思想家可能并不是一个很好的协调者。

智多星

智多星创造力强，不走传统路线，撒播创新的种子，拥有新的想法，并能解决看似难以解决的问题。

审议员

审议员解决问题时严肃认真，可以监督团队，可以评估进度及其他团队成员提出的想法。

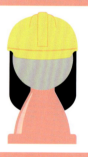

执行者

执行者脚踏实地，务实自律，十分审慎。他们天生就是管理者，能够将简短的指令转化为系统的行动计划。

团队的大小

经过五年的研究，贝尔宾认为团队规模对效率有很大的影响。如果团队成员过多，角色可能会有所重叠，"谁应该做什么"这个问题就不够清晰。贝尔宾认为，一个团队的理想人数是四个。这样可以避免角色的重复，讨论会更加富有成效，决策制定的速度也会更快。虽然团队总共有九个角色，但一个人往往会同时擅长两三个领域，所以四个人就可以扮演所有的角色。

外交家

外交家性格外向，好奇心强，善于探索新机会，并与外部资源建立联系。

协调者

协调者冷静成熟，有自控力，对团队绩效有一个整体的概念，能够激发团队成员为了共同的目标前进。

鞭策者

鞭策者充满干劲，精力充沛，勇于面对挑战。如果团队陷入僵局，他们会积极找出解决办法。

凝聚者

凝聚者能够适应各种情况和人员，他们真正关心他人，支持同事，并帮助团队保持高效。

专业师

专业师在某一领域拥有广泛的知识和专业技能，可充当独立顾问，为团队提供帮助。

完成者

完成者认真负责，做事有条不紊，不会忽略任何细节，他们会推动团队完成当前的任务。

"你想要一群杰出人士，还是一个杰出的团队？"

梅雷迪思·贝尔宾博士

性格类型

组建一支健全的团队对任何管理者来说都是一个挑战。了解每个员工的性格有助于最大限度地促进合作、减少冲突。

性格测试

在很多大中型组织中，判断员工性格是基础的工作。心理测验可以作为一种测试方法，用来评估员工的心智和能力等。心理测验通常以问卷的形式呈现，内容翔实，可用于调查个人对自己的看法，以及他们在特定情况下的反应。

MBTI

迈尔斯-布里格斯人格类型测验（MBTI）是最具影响力的一种人格（性格）测试模型，它将人们分为16种不同的人格类型。为了确定一个人最接近于哪种人格类型，可以根据四对相对的特质对他们进行评估：外向—内向、直觉—实感、思考—情感、判断—认知。通过问卷可以判断一个人是外向（E）还是内向（I），是重视直觉（N）还是实感（S），是关注思考（T）还是情感（F），是注重判断（J）还是认知（P），在此基础上可以得出此人的人格类型。例如，ENFJ被称为"教师型"人格，而ISTJ被称为"检查员型"人格。

"适应能力最强的人在心理上都很自信，他们很高兴成为自己的样子。"

伊莎贝尔·布里格斯·迈尔斯
（Isabel Briggs Myers），《天资差异》，1980年

ENFJ
教师型
做事有条理，能够催生变革

INFJ
咨询师型
富有创造力和洞察力，能够激励他人

ENFP
冠军型
充满活力和热情

INFP
治愈者型
理想主义，关注未来

ESFP
表演者型
迷人，喜欢玩乐

ISFP
作曲家型
灵活，追随内心

ESFJ
给予者型
关心他人的感受

ISFJ
保护者型
勤奋，关心他人

人员评估

最流行的人格测试模型包括迈尔斯-布里格斯人格类型测验、大五人格测试、DISC个性测验、HEXACO性格测试、OPQ32性格测试、霍根的动机价值观报告分析（MVPI）等。这些测试的目的是使管理者对团队成员的性格有透彻的了解，尽可能提高团队成员个人生产力、团队效率，以及整体的成功率。此外，这些测试还有助于管理者更好地了解自己。通过测试团队成员，管理者可以评估他们是否适合晋升或担任组织中的其他角色。

INTJ
大师型
极具创新能力，能够解决问题

ENTJ
指挥官型
拥抱变化，善于交际

INTP
建筑师型
逻辑性和系统性强，极具分析能力

ENTP
梦想家型
富有创新精神，能够鼓舞人心

ISTP
手艺者型
细心务实，善于解决问题

ESTP
精力旺盛型
充满活力，善于管理冲突

ISTJ
检查员型
做事有序，遵循流程

ESTJ
管家型
工作努力，团队至上

外向还是内向？

外向和内向是区分个人性格的一个主要方法。2016年，萨顿基金会对英国广播公司（BBC）的数据进行了分析，结果发现，外向型员工成为高收入者的可能性要比内向型员工高25%。不过，宾夕法尼亚大学沃顿商学院在2010年的一项研究发现，性格内向的领导者比性格外向的领导者更有可能取得高的成就。

外向性格

➤坚定自信，颇富魅力，似乎是天生的领导者。

➤喜欢与他人互动，包括朋友和陌生人，并因此充满活力。

➤积极与同行和员工进行社交活动。

➤擅长在工作中表达自己的想法。

➤碰到主动的人，容易觉得受到威胁。

➤更有可能自愿承担其他额外的工作。

内向性格

➤不愿意推销自己。

➤优秀的倾听者。

➤善于从想法、意向和思考中汲取能量。

➤能够与人建立深厚的联系。

➤乐于让团队成员带头行动。

➤随着项目的开展，愿意花时间解决问题。

➤需要独立思考并制定战略规划。

能力

能力指一项特定工作所需的技能。管理者必须能够判断并评估员工的能力，确保合适的人在合适的岗位上工作。

能力类型

目标决定了员工的工作，而能力决定了员工将如何实现目标。什么是能力？比如，员工是否善于解决问题、在团队中表现是否良好、面对挑战时能否坚持不懈等。

能力涵盖很多方面，比如基础能力（如读写能力）、完成特定任务所需的技能和知识、专业资格，以及个人的特质和行为（如自我激励）等。承担不同工作的员工所需的能力可能不同，并且不同行业通常也会注重不同的能力。例如，医院院长所需的能力与股票经纪公司经理所需的能力不同，与医院内普通医生所需要的也不同。

能力可以分为两大类：核心能力和专业能力。核心能力是大多数组织所重视的技能，包括与组织文化相适应的个人特质。专业能力与工作相关，一般来说可以衡量，并且有相关的资格证书可以证明。

管理者通过定义核心能力和专业能力，可以明确对员工的期望，并使个人或团队活动与组织的总体目标和价值观保持一致。对组织所需核心能力和专业能力的描述对于招聘新员工及指导员工发展很有帮助。

合规性
符合健康、安全、环境或其他法规认证的证明。

相关资质
经验或培训的证明，比如学历或行业资质。

从智力到能力

1973年，戴维·麦克莱兰（David McClelland）在《美国心理学家》杂志上发表了一篇颇具影响力的论文。论文指出，测试一个人的智力或智商不如测试其在现实生活中的能力，比如实践能力、人际交往能力和领导力等。麦克莱兰的研究表明，在学校取得的成绩并不能可靠地预测其工作绩效。他关注的是成功员工是如何思考和行动的，以及他们是如何提高能力的。当代组织注重员工能力，并在招聘过程中测试应聘者的能力，其根源与麦克莱兰的思想不谋而合。

能力的定义

撰写职位描述时，可以列一张清单，写明胜任该职位所需的能力。管理者需要确定一些核心能力，看看应聘者是否适合这个职位，是否有助于实现组织的目标。职位描述中还应该注明应聘者需要具备的专业能力，以及组织期望他们达到的绩效水平。

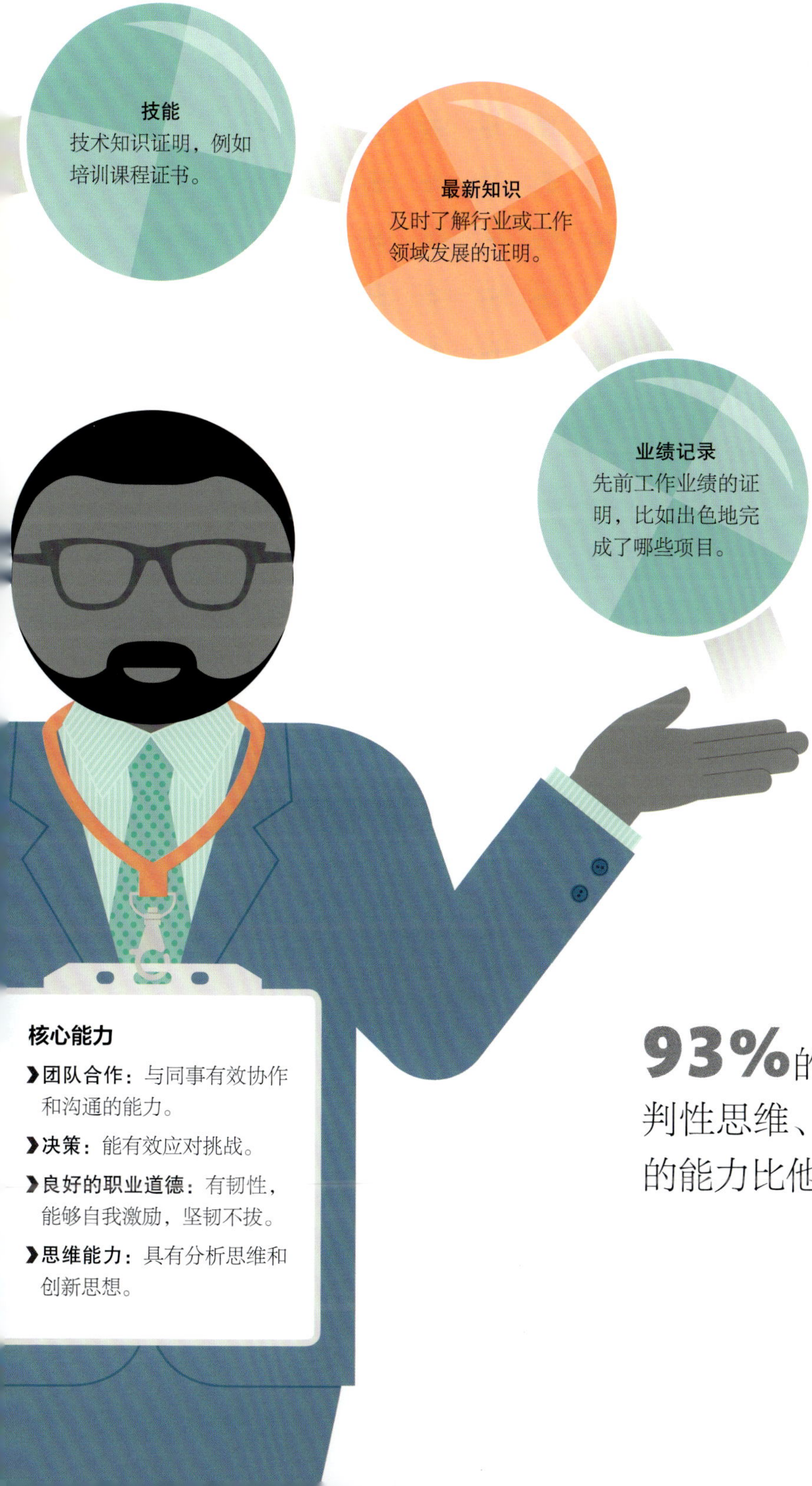

技能
技术知识证明，例如培训课程证书。

最新知识
及时了解行业或工作领域发展的证明。

业绩记录
先前工作业绩的证明，比如出色地完成了哪些项目。

✓ 须知

❯ 硬技能是正式获得的、可量化的能力指标，比如证书或学位。这些技能属于专业能力。

❯ 软技能指个人能力、认知能力和行为能力，比如沟通能力、批判性思维和解决问题的能力。这些技能属于核心能力。

❯ 横向技能，也称为"可迁移技能"，可以用于各种各样的工作。相关技能包括读写和计算能力等基本知识技能，以及合作能力等基本个人技能。

核心能力

❯ **团队合作**：与同事有效协作和沟通的能力。

❯ **决策**：能有效应对挑战。

❯ **良好的职业道德**：有韧性，能够自我激励，坚韧不拔。

❯ **思维能力**：具有分析思维和创新思想。

93% 的雇主表示，求职者的批判性思维、清晰的思路和解决问题的能力比他们的学位更重要。

美国大学协会，2013年

人才的找寻与选择

招到合适的人才对打造成功的团队来说至关重要。管理者需要规划招聘流程，以确保可以找到和选到拥有合适个人能力和专业能力的人才。

初步计划

一个有效的招募遴选过程分为几步，包括确定需要招人的职位、聘用新人，以及助其融入团队。

首先要对职位进行分析。在确定所需核心能力和专业能力时，可以向当前处于类似职位上的员工了解他们的主要任务和预期成果。这些信息可以用于描述应聘者应该具备的素质和技能。

接下来，管理者及其下属需要计划招聘过程。具体任务包括起草招聘说明，决定在何处、以何种方式刊登招聘广告，以及确定面试过程的要素，例如确定是否通过电话进行初筛、由哪些人组成面试小组，以及为初筛面试设计问题。

面试

接受申请的日期截止后，先审查申请人的简历。可以通过初筛来选择邀约面试的申请人，这份名单可

招聘流程

要想招聘到合适的人才，招聘计划一定要翔实。

▶ 在组织内部和外部发布职位招聘信息。

▶ 传播组织的价值观，以便申请人可以了解组织的理念。

▶ 密集安排面试，这样便于比较申请人。

▶ 做背景调查，并咨询申请人的推荐人。

▶ 确保申请人知道录用后的筛选流程（还需要经过进一步测试）。

▶ 建立入职流程，帮助新员工适应工作。

像钓鱼一样吸引人才

组织发布招聘信息后，并不意味着最好的申请人会前来应聘，也不意味着录用后他们会接受这个职位。人们可以自由选择在哪里工作，因此，为了吸引最优秀的人才，组织和职位都必须具有吸引力。管理者必须向申请人介绍组织的各种优势，比如奖励机制和结构化的职业发展机会。

能会很长。面试官或面试小组需要事先确定由谁问哪些问题。为了平等地评估申请人，管理者应该起草一份清单，上面包括有关考查核心能力和专业能力的问题。当然，也可以适当使用技能测试或性格测试。面试结束后，相关人员应该开会讨论并得出面试结果。

行为面试

推崇行为面试的人认为，一个人过去的行为方式能够最好地预示其未来的行为方式。下面这些问题可用于行为面试。

✓ **要问**：你过去如何培训部门负责人？	✗ **不要问**：你曾经培训过部门负责人吗？
✓ **要问**：你过去是否遇到过不满意的客户？	✗ **不要问**：如果客户威胁说要离开，你会怎么做？
✓ **要问**：你在上一份工作中是如何实施变革管理的？	✗ **不要问**：你打算在我们部门如何实施变革管理？

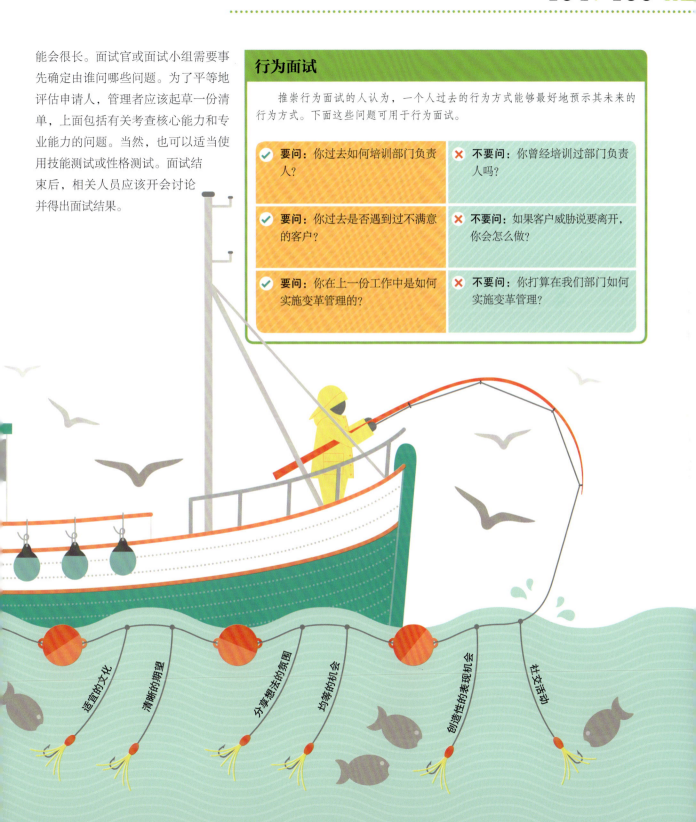

适宜的文化　　清晰的期望　　分享想法的氛围　　均等的机会　　创造性的表现机会　　社会责任

多元化的好处

组织内的每个人都有不同的想法和经验。如果管理得当，这将产生宝贵的协同作用，使多元化的组织胜过非多元化的组织。

管理多元化的团队

在当今的职场，大多数组织有多元化的政策和计划。要协调多元化团队中的不同个性、价值观和文化态度，还是有不少挑战的，这对管理者而言是一项关键的任务。管理者要尊重个人差异，同时鼓励团队成员之间求同存异。

领导一个有效的团队需要平衡团队和个人的需求，这

包容性

就像拥有各种植物的花园更加生机勃勃一样，多元化的工作场所通常效率更高。对于管理者而言，要想打造多元化的工作场所，需要采用无偏见的招聘和遴选流程及鼓励包容性的组织政策等。

招聘
包容性的招聘从招聘广告开始，招聘广告应该做到能够吸引最广泛的应聘者。

遴选过程
确保拥有无偏见的招聘机制，包括从应聘者的简历中删除所有个人信息。

要求管理者确保个人的价值观不会干扰团队的发展。研究表明，多元化的管理团队可以为组织带来更大的创新和更高的利润。因此，组织会寻求员工的多元化，并为其提供多元化培训。

多元化组织的表现超出行业平均水平**35%**。

管理咨询公司麦肯锡，2015年

反偏见训练
持续为所有员工提供培训，通过增强意识和提供建议来解决无意识偏见的问题。

组织政策
包容性的工作场所取决于正在实施的政策。组织政策要确保所有员工都受到同等程度的重视。

工作环境
应该理解并支持每个员工的不同需求，比如他们的家庭责任。

员工幸福感

从提高办公家具和设备的质量到监控工作量，管理者可以通过多种方式提高员工的幸福感，从而打造一个快乐、健康、忠诚的团队。

幸福感计划

对于想要员工保持积极性和敬业精神的管理者而言，确保工作场所既有吸引力又具备最佳功能正日益成为他们的首要任务。精心设计的工作场所可以降低发生事故、员工生病或产生与压力有关的健康问题的风险。工效学是一门为最终用户量身定制机器、工具、操作方法和作业环境的科学，它可以帮助管理者实现这一目标。工效学涵盖三个领域：人体工效学——设计办公家具和设备以适应人体的结构，不会对身体的任何部位施加压力；认知工效学——确保设备和系统易于使用；组织工效学——建立能够确保工作量在员工能力范围内的结构、政策和工作规范。

实施幸福感计划通常由人力资源经理主管，其中可能包括健康保险、人性化的工作区域、风险评估、公平透明的薪酬制度，以及员工可以参与决策、自由发表意见的管理风格。

设计工作环境

工作场所要光线充足、安全舒适、功能齐全，这样才能保证员工的健康，提高他们的幸福感。经过周密的设计，从机器到空气质量，工作环境的各个方面都可以量身定制，以满足工作的要求，同时有益于员工的身心健康。做到这些的组织生产率更高，旷工现象更少，人员离职率更低。

 须知

❯ 人体测量学是测量人体及其比例的一门科学，可以用于工作台的设计。

❯ 参与式工效学指让员工参与到设计和改造工作场所的变革当中。

❯ 人因工程学是一门学科，它强调在设计交互式设备、系统和结构时要考虑人的优势和局限性。

❯ 心理社会风险管理通过检查工作量、工作条件和工作方法，来减少员工健康问题的出现。

设备
不会造成身体疲劳的安全机器有助于提高工作效率。

工作量
监督和调整工作量可以确保员工能够轻松完成任务。

通风率加倍可以使员工认知能力提高

100%以上。

《认知功能评分与办公室工作人员二氧化碳、通风、接触挥发性有机化合物的关系》，哈佛大学，2016年

员工的角色

与员工合作有助于管理者：
❯ 确定工作场所的风险。
❯ 确保健康和安全控制措施切实可行。
❯ 获得员工的承诺——以安全健康的方式工作。

视力
免费进行视力测试，并优化屏幕显示，以保护员工的视力。

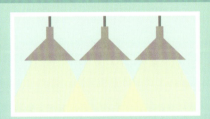

照明
精心设计的照明会减轻眼睛疲劳，确保员工高效地完成工作。

空气
过滤的空气、良好的通风，以及可调节的温度可促进员工的健康。

软件
使用易于操作的直观程序不会给员工带来压力。

工作空间
为了使员工舒适地工作，工作台和工作空间必须加以设计，以适应他们的需求。

办公家具
办公家具应使员工能够保持良好的姿势，并且可以调节，以满足不同员工的需求。

噪声
声音掩蔽技术可以保护员工的听力，并减少嘈杂环境对生产力的影响。

安全标志
安全标志应该简单易懂，且放在显眼的位置。

NEW HOMES ▪ N

留住人才

敬业而勤奋的员工对任何组织来说都是一笔巨大的财富。因此，帮助他们提升才能并鼓励他们留下来是一项重要的管理工作。

留住佼佼者

有效管理才能卓越的员工并说服他们尽可能留下来发挥作用，这对任何组织来说都至关重要。天资卓越、工作高效的员工有利于组织的成功，而且要填补他们的空缺成本很高。

因此，优秀的管理者会通过鼓励员工和迅速解决问题来试图让所有员工满意。不过，成绩卓然的员工可能很容易感到无聊，他们需要艰巨的任务来保持敬业度。他们可能还需要有建设性的反馈意见，这样才能保持动力。如果可能的话，组织应该给予他们更多的自主权，让他们自己做项目，并提供晋升机会或奖金等激励。

人们在感到自己受到了重视时才会留下来。这意味着管理者必须信任他们，尊重他们的意见，并倾听他们可能拥有的不满。不过，如果骨干员工确定要离开，管理者可以召开离职座谈会，找到他们离开的原因，看看可以采取什么措施来改变他们的主意。

员工离职率

如今的劳动力市场十分灵活，员工换工作的频率比过去要高得多。为了降低因更换员工导致的高昂成本，管理者应该从一开始就让员工感到自己很受欢迎，还应该为员工的工作设定明确的指导方针，并提供激励措施以确保员工专心工作、保持动力。

1 让新员工轻松度过第一天，提前准备好工位，欢迎并介绍新员工。

2 设定试用期，以便新员工可以顺利适应环境，管理者也可以对其进行评估。

计算离职率

组织通过计算员工的离职率来监控员工流失或雇用的成本。在特定时期（比如一年）内离职员工所占的百分比可使用下列公式进行计算：离职人数除以平均人数，然后乘以100%。

$$\frac{离职人数 \times 2}{（期初员工人数+期末员工人数）} \times 100\%$$

全球员工离职率为
10.9%。

领英，2017年

4 定期表扬，并提供反馈、新的工作挑战，以及组织内的进步机会来激励员工。

3 讨论角色和责任，确保员工了解自己的特定目标。

6 邀请决定离开组织的员工填写问卷或参加离职座谈会，讨论离职原因及如何让他们留下来。

5 为效率高的员工提供奖励，比如奖金、加薪、晋升机会或补充医疗保险等福利。

 案例研究

Zappos

Zappos是美国的一家电商网站，公司的理念是：要留住员工，首先要招到合适的人。经过四周的带薪培训，如果新员工仍觉得公司不适合他，那么他可以选择离开，并可以获得2000美元的补偿，这样可以确保所有选择留下的员工都全心投入。

员工流动成本

美国人力资源管理协会表示，更换一名员工，组织的花费可能是该员工年薪的50%至60%。如果离职率很高，管理者必须确保工作效率不会因士气低落而下降。

 招聘成本
 人力成本
 培训时间
 工作效率低
 收入损失
 士气低落

满足员工的需求

工作满意度不仅取决于工资，也与员工的情感和心理需求有关。如果员工的情感和心理需求也能得到满足，他们的工作表现会更好。

理解员工

成功的管理者知道如何激励团队的每个成员，这是确保他们专心工作、忠于组织、实现业务目标的关键。美国心理学家亚伯拉罕·马斯洛的需求层次理论对如何激励行为做出了很好的解释，它可以帮助管理者确定团队中的每个成员得到什么才能有良好的表现。

需求层次理论

1943年，马斯洛发表了《人类动机理论》一文，他用需求层次解释了这一理论，即激励人们采取行动以满足这些需求的事物。我们可以将他的理论想象成一个金字塔，最下方是一个人的基本需求，一层满足后上升一层，上面是情感和精神需求。

✓ 须知

▶ 并非每个人都以相同的优先顺序排列他们的需求，自我实现并非所有人的目标，因此需求层次结构可能需要针对不同的人进行调整。

▶ 马斯洛需求层次理论的基础是美国的行为研究，但由于不同国家的人的行为有所不同，因此管理者应该对文化差异保持敏感。

▶ 因为很多需求与情感有关，比较主观，所以很难衡量每个层级的满意度。

5 人生目标
　　提供指引，促进职业发展，真正关心每个员工。

X理论和Y理论

　　美国管理学教授道格拉斯·麦格雷戈提出了另外两种激励员工工作的理论。X理论假设员工并不想工作，必须用奖励吸引他们工作或必须因不工作而惩罚他们。这需要一种事必躬亲的管理风格。Y理论假设员工能够自我激励，并努力改善自己，因此可以通过鼓励创造力来实现更好的管理。

自我实现
一个人在精神层面上得到了成长和发展，有一种个人成就感。

4 不吝赞美
　　鼓励员工，表扬并认可他们的出色工作。

尊重
当一个人的成就被他人认可时，他会自我感觉良好，这有助于他建立自尊心。

3 鼓舞士气
　　在团队中培养员工积极的态度，鼓励多元化和个人友谊。

关爱和归属感
人们喜欢自己是团队一分子的那种感觉，他们需要建立紧密的关系，感到自己被人接纳，有人关心他们。

2 未来无忧
　　给员工足够的工资，并提供安全、稳定、干净的工作环境。

安全
有一个安全的家和稳定的工作环境会让一个人在和陌生人或熟人一起时感到安全。

1 舒适
　　为员工提供休息时间、合理的工作时间和舒适的工作条件。

生理
一个人最基本的需求与生存有关，包括空气、食物、水、温暖、睡眠、庇护所、繁殖后代的能力等。

激励与奖励

有经验的管理者通过倾听员工的观点、认可他们的价值、奖励成功、消除阻碍因素，来培养充满活力的忠诚团队。

让员工保持积极性

员工的积极性会通过对工作的投入和努力体现出来。大多数组织会设立奖励计划，奖励那些辛勤工作、取得进步和成功的员工，以此来鼓励这些员工并激励敬业度较低的员工。

奖励有两种类型：一种是有形的奖励，比如升职、加薪、发奖金；另一种是无形的奖励，比如称赞、分配有趣而富有挑战性的工作、给予职业发展的希望。部门经理会决定如何将奖励计划应用于每个团队成员身上，这会直接影响他们的积极性。优秀的管理者会不断使用无形奖励，并在可能的情况下采用有形奖励。未能激励团队成员会提高离职率、降低生产率。

不同的员工看重的奖励也不同。有些员工可能想晋升到管理团队，有些可能更重视积极的反馈或在自己的职责范围内承担更多的责任。高效的管理者会为每个员工选择最合适的奖励，并且明确奖励和绩效之间的关系。

赫茨伯格的双因素理论

1958年，美国心理学家弗雷德里克·赫茨伯格（Frederick Herzberg）提出了双因素理论，将影响员工敬业度的因素分为激励因素和保健因素。他认为，成就、认可、责任等激励因素具有提高员工敬业度的巨大潜力。不过，如果工资低、地位低、条件差等保健因素不消除，无论有多么好的激励因素，员工的敬业度都不会高。

敬业度和士气

管理者应该认识到员工是否敬业。不敬业的员工工作效率往往较低，士气低落。他们也更有可能离职。

▶ 敬业的员工为自己的工作感到自豪，对待同事的态度十分积极，并感到与组织紧密相连。他们有助于推动创新和提高赢利能力。

▶ 不敬业的员工会履行自己的核心职责，但似乎没有激情和活力。

▶ 完全不敬业的员工每天都会向同事表达不满，这会降低团队的士气。

与缺乏动力的员工相比，有动力的员工生产率要高**21%**，利润要高**22%**。

盖洛普Q12调查，2016年

激励因素

令人有所收获的工作
如果一份工作十分有趣、具有挑战性和价值、令人有所收获，那么员工就会感到动力十足。

成就
管理者可以为员工设定明确的目标，并鼓励他们以努力工作和提高绩效为荣。

表扬与认可
表扬、积极的反馈和对成功的认可会提高员工的工作满意度，并使他们受到激励。

责任与自主
一位优秀的管理者不应该进行"微观管理"，而应该让员工对自己的工作负责。

成长与经验
成长和个人发展的机会是重要的激励因素。

职业发展
很多员工，特别是初级员工，或是有志于进入管理层的员工如果顺利晋升，会受到很大的激励。

工资低
如果员工的工资不能反映他们的绩效，他们会有种不想付出的感觉。

地位低
缺乏动力的员工可能会觉得自己没有受到重视，或认为他们的工作没有意义。

保健因素

条件差
较长的工作时间和较差的设施或设备会降低员工的工作动力。

不安全感
如果员工觉得自己有失去工作的风险，他们可能就不会投入工作。

工作关系不佳
员工之间或员工与管理者之间的不良关系会让员工变得消极。

团队发展

　　培养团队技能，帮助团队成长、应对挑战并交付成果是至关重要的管理过程。这一点做好了，可以鼓舞士气、提高团队凝聚力，使组织涌现出表现出色的员工。

充分利用团队

　　每当管理者接管一个团队或组建新团队来完成一项任务时，团队发展之旅就开始了。这一过程包括组建团队，帮助团队成员融合、合作、面对挑战、解决问题并交付成果。此外，它还涉及人才培养、发现和满足个人需求。

　　从最初的团队会议到项目交付，行为心理学家提出了组建团队的关键阶段。其中最著名的理论是"组建—激荡—规范—执行"模型（FSNP模型），该模型由美国心理学家布鲁斯·塔克曼（Bruce Tuckman）于1965年首次提出。如果团队成员也意识到

了这一过程，那么管理者可以鼓励他们观察并理解自己的行为。

　　此外，培养个人才能也同样重要。定期提供反馈、委派新任务、提供支持材料或导师等策略已经经过了验证，可以鼓励员工发挥最佳水平。

FSNP模型

　　FSNP模型指出了团队发展的不同阶段。在每个阶段，管理者都可以使用各种方法来引导团队朝正确的方向发展。现在，该模型仍是很多组织的实践基础。

组建期（Forming）

　　不同的人聚在一起，要彼此了解。他们需要建立信任，了解将要一起完成的任务，包括挑战和机遇。管理者应该：

▶举办一次社交聚会来活跃气氛。

▶开展活动建立信任。

▶确定每个人的角色，提供明确简要的说明。

激荡期（Storming）

　　团队成员开始发展关系，表达自己的想法，有些人可能会争权夺利。在这个阶段，团队需要管理者强有力的领导。管理者应该：

▶确定潜在的冲突，敏锐地进行干预。

▶提供明确的领导，保持目标不变。

▶做好支持团队成员的准备。

须知

▶休整期是FSNP模型的最后一个阶段，是塔克曼后来补充的。在这个阶段，团队会解散，这也许出现在项目结束时。有些团队成员可能会对这一阶段的到来感到不安。

▶快速信任指在团队中快速建立工作关系，对于虚拟团队来说，在开始执行任务之前他们往往没有时间建立信任感。

培养团队

　　管理者可以通过定期检查和提供下列发展机会来帮助员工进步。

▶为新手提供伙伴。
▶安排辅导课程。
▶提供与更有经验的同事一起工作的机会。
▶委派更具挑战性的任务。
▶提供去其他部门学习新技能的机会。
▶为职业发展提供导师。
▶举办职业发展培训班。
▶鼓励员工加入相关的行业机构。

"相遇是开始，共处是进步，合作是成功。"

福特汽车公司创始人亨利·福特

规范期（Norming）

　　团队成员顺利合作，团队达到平衡，每个成员都对自己的角色负责，并始终专注于成功。管理者应该：

▶定期举行反馈会议，检查进度。
▶注意自满情绪，提高警惕。
▶对小成功加以鼓励和奖励。

执行期（Performing）

　　团队成员主动承担更大的责任，团队现在不需要多少指导。管理者应该：

▶如果没有必要就不要进行干扰，放手让团队继续工作。
▶允许一定程度的挑战。如果团队成员尊重彼此的意见，这就不是问题，而且还会带来创新。
▶找出在职业发展方面需要帮助的员工。

SMART原则

管理者在把任务分配给团队成员之前，一定要先设定关键的目标。利用SMART原则可以确保任务不偏离既定的轨道。

设定目标

彼得·德鲁克的目标管理等方法可以有效帮助组织实现业务目标。这些方法包括设定目标及创建实现目标的流程等。但是，对日常任务而言，SMART原则更为有用。它由美国顾问乔治·T. 多兰（George T. Doran）于1981年提出。S代表明确性（Specific），M代表可量性（Measurable），A代表可达成（Achievable），R代表实际性（Realistic），T代表时效性（Time-based）。这种方法很简单，可以帮助管理者面对过多的建议。

多兰表示，要想达到预期效果，目标不必满足以上五个标准的全部。不过，与标准越接近，设定的目标就越明智。

根据SMART原则设定目标之后，一定要制订具体的行动计划以实现这些目标，这一点至关重要。

SMART原则

SMART原则很简单，它是一种深受组织欢迎的设定和实现目标的工具。SMART原则要求组织根据五个标准衡量每个目标，这样管理者和团队成员就能够以一致的方式完成任务。此外，它还会降低组织设定模糊的、难以衡量的或最终无法实现的目标的风险。

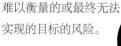

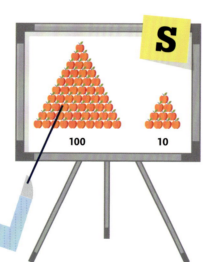

S：明确性

要设定精确的目标，比如"将苹果产量从10个增加到100个"，而不是概括期望的结果，比如"提高苹果的产量"。要明确说明需要完成哪些工作、为什么这些工作很重要、涉及哪些员工、工作在哪里完成，以及有哪些可用的资源。

M：可量性

要确保目标是可以量化的，这样任务一旦完成，管理者就可以评估其成功与否。换句话说，一定要有一个衡量系统，比如记录每天摘下的苹果的数量，并在任务开始和结束时分别进行统计。

> "设定目标和行动计划是组织管理流程中最关键的步骤。"
>
> 乔治·T. 多兰

总体目标与阶段目标

企业管理专家经常讨论总体目标和阶段目标之间的差异。

总体目标	阶段目标
▶ 概念性陈述	▶ 达成目标的具体步骤
▶ 与组织的总体情况有关	▶ 通常是可量化和可衡量的
▶ 使用能够表达情感的语言	▶ 使用事实性的语言
▶ 确定管理者制订计划的方向	▶ 做到鼓舞人心，因为实现目标可以提高团队成员的士气
▶ 表达志向	▶ 能够支持长期目标
▶ 一般是连续的、长期的	▶ 一般是短期的、部门级别的

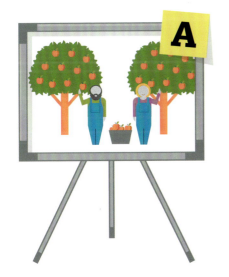

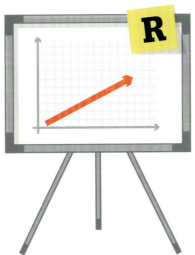

A：可达成

问一问自己的团队是否具有实现目标的必要技能。比如，苹果的种植需要专业技术人员的参与，因为他们拥有种植果树的技能和专长，有助于提高苹果产量。

R：实际性

要确保可以完成整个任务。想一想在当前的限制条件下是否可以实现目标。比如，如果果园租约即将到期，那么没有重新协商租约的计划就是不现实的。

T：时效性

为要实现的目标设定时间表。现有的苹果树需要进行修剪，可能需要两年的时间才能大幅提高苹果产量，这一点一定要考虑进来。

培养信任

信任失去容易得来难。信任是建立和维持组织声誉的关键。了解信任的作用对管理者来说非常重要。

行动胜于言语

管理者无法单纯凭借自己所说的话赢得信任，而要通过自己的所作所为和行为方式赢得信任。职场调查显示，员工都希望老板诚实守信、坦率负责。

首先，管理者必须让员工看到他信任他们，并表明他愿意信守诺言。一定要在团队成员之间、员工和组织之间建立信任，这一点非常重要。管理者还应该考虑自己的行为是否符合职业道德，以及其他人是否认为他的行为始终如一。

在管理者与团队之间，以及在团队内部建立信任会对组织的成功产生积极的影响。员工不仅更有可能提高敬业度和工作效率，而且更有可能信任并支持组织。信任可以通过多种方式建立，比如鼓励员工发表意见、组织有助于建立信任的活动等。

微妙的平衡

员工越信任彼此，越信任管理者，组织就会越强大，效率也会越高。如果一位管理者能够在公事和私事上遵守职业道德，公开地告诉员工组织内部正在发生什么及团队成员的绩效如何，并且犯错误时敢于承认，那么员工就会认为他值得信赖。管理者可以通过右面的几种方法在工作中建立信任。

案例研究

惠普

1998年，惠普入选《财富》杂志"100家最适宜工作的公司"榜单。但是，1999年，新的管理团队要求对公司战略进行大刀阔斧的改革，尽管惠普当时业绩不错，但员工有一种不被重视的感觉。后来惠普业务下滑，公司要求员工降薪，但承诺不会裁员，结果之后却减少了6000个工作岗位。2001年，惠普与计算机巨头康柏合并，减少了更多的工作岗位，此举终结了惠普"以人为本""原则至上"的传统。

30% 的员工不信任他们为之工作的组织。

爱德曼信任度晴雨表，2016年

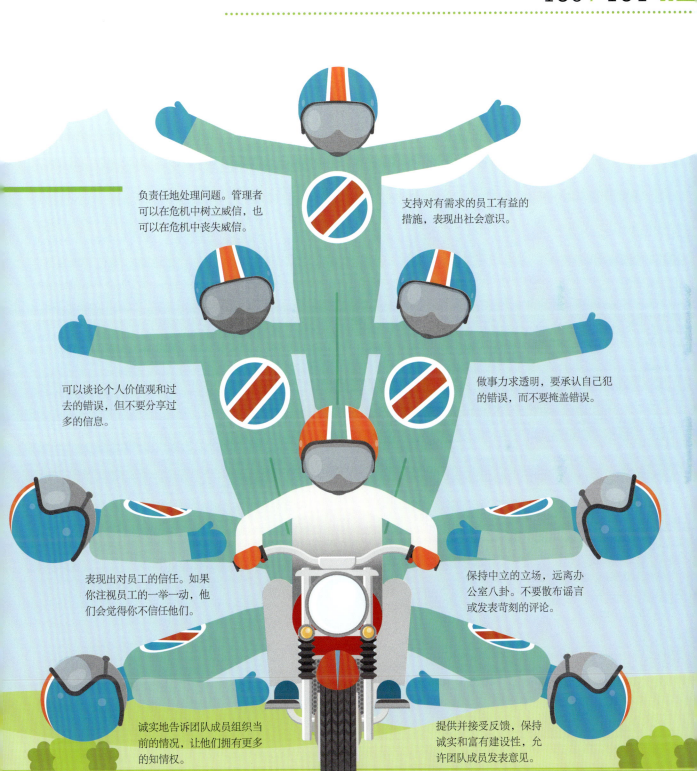

负责任地处理问题。管理者可以在危机中树立威信，也可以在危机中丧失威信。

支持对有需求的员工有益的措施，表现出社会意识。

可以谈论个人价值观和过去的错误，但不要分享过多的信息。

做事力求透明，要承认自己犯的错误，而不要掩盖错误。

表现出对员工的信任。如果你注视员工的一举一动，他们会觉得你不信任他们。

保持中立的立场，远离办公室八卦。不要散布谣言或发表苛刻的评论。

诚实地告诉团队成员组织当前的情况，让他们拥有更多的知情权。

提供并接受反馈，保持诚实和富有建设性，允许团队成员发表意见。

应对员工冲突

即使是管理有方的团队，也会出现冲突。管理好冲突的关键在于发现早期迹象，在小分歧演变成严重问题之前采取适当的策略。

监督并了解冲突

虽然管理者应该设法保持组织内良好的工作关系，但有时个人、团队或部门仍会出现紧张的局面。如果不加以管理，这些局面可能会上升为全面的冲突，它们可能具有破坏性，不仅影响员工的士气，还会影响组织文化和工作绩效。不管碰到什么冲突，管理者都要找到根本原因和友好的解决方案。在管理者知悉之前，冲突可能已经酝酿一段时间了。了解每个团队成员及他们会如何应对逆境有助于管理者发现冲突的早期迹象。此外，把握时机也很关键。管理者如果能在冲突加剧之前果断处理，将会赢得员工的尊重。针对不能在早期解决的冲突，或是涉及对组织中不公待遇投诉的冲突，大多数组织有正式的处理流程，管理者可以遵循流程来处理这类冲突。

冲突的五大迹象

在组织内部，冲突的负面影响可以通过多种方式体现出来。管理者需要识别以下迹象，防止冲突升级。

▶ **失去动力**：团队成员不愿意参加会议，不愿意主动完成新任务。

▶ **退缩和对立**：员工会发表煽动性言论，同时减少社交活动。

▶ **生产力下降**：员工之间的合作减少，这通常会导致工作效率降低和出现更多本可以避免的错误。

▶ **缺勤人数增加**：工作带来的沮丧或压力可能会导致员工身体欠佳或不愿上班。

▶ **负面反馈**：员工问卷或调查有助于揭示组织内部的潜在不满。

解决冲突

冲突管理通常包括管理者可以遵循的正式和非正式准则。对于低级别的冲突，管理者和团队成员可以私下解决，但不断升级的矛盾冲突则需要更多的正式回应。

大冲突
员工起诉并索要
与工作相关的赔
偿。

正式行动
通过独立机构进
行仲裁或调解。

大冲突
出现对某个员工的正
式投诉。

正式行动
按照组织的程序处理
投诉。

小冲突
某个问题持续存
在，有产生竞争、
压力或不满的迹
象。

非正式行动
与当事人非正式地讨论并解决
潜在问题。

小冲突
在某件事上存
在分歧。

非正式行动
与员工交谈，倾听而不是下结论。
如果分歧持续存在，管理者要针
对这个问题每天做好记录。

预防冲突发生

❯ 如果感觉可能存在冲突，要迅速
采取行动，这样更容易在面对当
事人之前拿到不正当行为的证
据。不及时处理冲突会让管理者
失去团队成员对他的信任。

❯ 每个人的性格不同，管理者需要
以不同的方式处理冲突。

❯ 不断提供培训，教给员工一些情
绪管理的技巧，以便他们能够更
客观地处理问题，从而帮助他们
避免冲突。

❯ 尊重差异，给予看似不同或具有
不同价值观的员工同等的对待，
以此避免冲突。

❯ 通过管理工作量来防止紧张局面
的出现。如果工作量过大，员工
会长时间处于压力之下，这可能
会让他们变得紧张和脾气暴躁。
此外，还可以与员工讨论他们的
工作情况。

授权

授权指授予团队成员执行特定任务或扮演特定角色的权限。它是管理的核心工具，可以使组织的工作更高效。

委托权限

为了使工作更高效，管理者需要授权，也就是将自己的某些职责或权力授予团队成员。这样做具有双重意义：管理者可以腾出精力专注于需要他管理的其他任务，而被授权的团队成员会感到自己有了更大的自主权，

这不仅因为他们感到上级信任自己的能力，还因为他们有机会强化和发展自己的技能。此外，新的经验和责任会提高他们对团队的重要性。

在团队成员应对新挑战时，管理者将责任下放给他们会让他们充满活力，同时也会鼓励他们把项目掌握在自己手中。管理者将特定的任务委派给不同的团队成员，可以增强团队的整体能力和灵活性。

有效授权

因为员工将对任务或角色的结果负责，所以管理者如何移交任务给他们至关重要。管理者必须鼓励员工考虑相关因素，包括如何将新任务与现有职责结合起来，以便让他们做好准备。

思考哪个团队成员最合适

▶谁可以完成这个任务？

▶谁认为当前的工作不再有挑战性，并且会从这个新任务中受益？

▶当前的工作是不是已经超出了某个团队成员的能力？

▶哪个团队成员会对这个任务感兴趣？

授予某个团队成员足够的权限来完成任务

▶核实被授权的团队成员确实认同并理解项目的预期。

▶不要介入，不要成为一个"微观管理者"。

▶向其他同事强调，这位被授权的团队成员具有一定的自主权。

设定明确的目标和准则

▶阐明任务中所有不可协商的方面。

▶说明未经许可，被授权的团队成员可以做什么，不可以做什么。

▶给出清晰的时间表，并设定检查时间和截止日期。

▶允许被授权的团队成员采取方法提高效率。

何时授权

有些任务应该由管理者负责，但很多任务可以授权给团队成员。管理者不愿意下放权力，并不是真正的障碍，而是一种可以改变的态度。

➤ "没有时间授权给他人，还是自己动手更快一些。"尽管向团队成员介绍情况会花些时间，但这对以后有利。他们会更快地了解未来所需，这时好处就会显现出来。

➤ "没有人能像我一样把这项任务做好。"虽然经验和专业知识很难传授，但是通过提供正确的信息和培训，团队成员是可以做到的。不过，有些任务不能委派别人来做，比如评估、纪律处分和处理机密事项。

➤ "团队成员已经有很多工作要做了，我不想让他们超负荷。"尽管团队成员可能很忙，但这可能是他们提高技能和丰富经验的宝贵机会。

46% 的组织担心管理者的授权技巧。

企业生产力研究所，2007年

保持公平合理
➤ 为被授权的团队成员提供足够的资源完成任务，比如预算。
➤ 为每个阶段留出足够的时间。
➤ 如果需要，管理者可以为其提供支持或建议。

评估被授权的团队成员的表现
➤ 提供指导，尤其当被授权的团队成员第一次承担这种任务时。
➤ 听取汇报，并提供有建设性的反馈。
➤ 认可每个阶段的成功，并给予鼓励。

负责
➤ 对任务结果负责。
➤ 如果被授权的团队成员没有达成目标，回溯步骤1至5，并在需要时进行调整。
➤ 如果可能，尽量不要收回任务。
➤ 评估结果并进行反馈。

头脑风暴

头脑风暴旨在鼓励人们提出新的想法，它对解决问题和创新十分有益。如果管理得当，头脑风暴可以促进突破性思维。

成功的头脑风暴

组织离不开创新，但是在日常工作中，产生创意的机会有限。1948年，身为广告公司主管的亚历克斯·奥斯本（Alex Osborn）发现，有些组织因为缺乏创意而发展受限，于是他提出了一种被称为"头脑风暴"的方法。头脑风暴指专门召开讨论会，所有人都可以自由发表意见，不管想法有多古怪，都可以说出来。这些想法随后会被评估、扩展或调整。

多元化是团队头脑风暴的关键，来自不同专业、拥有不同经验的人聚集在一起往往会产生更大的创造力。此外，提出正确的问题也很重要。如果讨论的范围集中在需要解决的特定问题上，人们会更容易给出建设性的意见。在讨论期间，管理者应该把大家提出的所有想法都记录下来，并筛选出最富可行性和创造力的想法进行后续跟进。

单枪匹马抑或并肩作战？

究竟是单独进行头脑风暴还是团队集思广益更有效，管理学家在这一点上存在分歧。有时人们在独处时会产生更多的想法，因为这时他们不太可能受到他人的影响，而集体讨论可能有助于提高支持解决方案的团队成员的参与度，并催生各种各样的想法。但是，研究表明，每个人产生的想法数量随团队人数的增加而减少，所以理想的情况是团队人数限制在5～7人。这两种方法各有各的好处，有时两种方法结合起来可能会得到最佳的结果。

> "头脑风暴就是用大脑解决需要创造性的问题。"
>
> 亚历克斯·奥斯本，《创造力》，1948年

一个人的头脑风暴

独自进行头脑风暴时，解放思想的方法包括：

❯ 自由书写，在设定的时间内把想到的任何东西都写下来。

❯ 绘制"蜘蛛图"，将各种想法联系起来。

产生大量创意的最有效方法

案例研究

3M公司和 30%规则

美国跨国公司3M的高管十分支持大家在头脑风暴会议上提出的想法。他们制定了一条规则：每个部门产生的收入必须有30%来自近四年开发的产品。这样可以激励员工进行创新，开发新的产品。

头脑风暴的重要注意事项

在头脑风暴开始时设置一定的限制，会促进创造力，比如：

❯ 做一个清晰简短的介绍，只包括一个目标，这样讨论会更有针对性。

❯ 做好人员管理，防止有人摒弃他人的想法，从而扼杀了创造力，以此来保持秩序。同时，要确保每个人都参与进来。

❯ 提出发人深省的问题，比如"公司产品的最大缺点是什么？""我们如何找到新市场？""公司可以通过哪些方式降低成本而又不会对客户产生重大影响？"。

集体头脑风暴

下面这些建议有助于集体头脑风暴的成功：

❯ 找一个外部的协调人主持讨论，这样团队可以专注于思考创意。

❯ 设定讨论的时间限制。

❯ 消除所有潜在的干扰物，比如电子设备。

❯ 鼓励参与者提出尽可能多的想法。

❯ 不要批评，视所有想法同等有效。

❯ 优先考虑不寻常或有创造力的想法。

❯ 扩展并完善建议。

❯ 多给参与者一点时间，允许其在会后提出进一步的想法。

产生团队协同效应并让大家支持解决方案的最有效方法

教练和导师

请教练和导师培养员工已经成为现代管理体系的一部分。这样做可以确保员工接受相关培训，并保持敬业度和生产力。

身兼向导的管理者

引导并培训员工，确保他们发挥出最佳水平，是管理的一项重要工作。教练和导师一直存在，但最近几年变得越来越流行。在工作中积累了丰富经验和知识的管理者是担任教练和导师的绝佳人选。

教练提供的培训一般是短期的，可能需要管理者、某个员工或外部培训师向相关员工传授工作技能。导师提供的辅导则专注于长期的知识积累和提高专业判断力。导师往往由管理者担任。不管教练还是导师，对管理而言都是有益的，员工可以快速学习工作所需的技能并充分发挥自己的潜力。另外一个好处是，员工可能会因为感觉自己受到了重视而选择留下来工作更长的时间。

教练的培训

▶短期培训，旨在传授与工作相关的技能。

▶针对特定的任务或项目，帮助员工解决眼前的问题。

▶清楚地列出员工在实际工作中要完成哪些工作。

▶及时为管理者提供员工绩效反馈。

量身定制的培训

管理者可以指定外部的培训师或内部经验丰富的员工来担任新员工的教练，传授工作技能，也可以自己担任员工的长期导师，帮助员工在职业上不断发展。

案例研究

美国运通公司如何留住知识

　　美国运通公司的管理层采取了一项举措，希望可以留住知识，因为员工退休后，这些知识可能会随之流逝。即将退休的员工可以逐渐卸下工作重任，花一些时间指导青年员工。退休员工也可以适当延长工作期限，多领一段时间的工资，同时又可以为在职员工提供培训服务。

如果组织在员工的职业发展上有所投入，那么**94%**的员工会留下来工作更长的时间。

领英，《职场学习报告》，2018年

参与进来

　　管理者可以通过多种方式在指导团队成员中发挥积极的作用：

▶腾出时间。

▶在团队成员执行任务时注意观察。

▶非正式地讨论任务进展情况。

▶邀请团队成员进行自我评估。

▶提供反馈并就未来目标达成协议。

▶鼓励团队成员尝试新的方法。

导师的指导

▶长期培训，由管理者或一个经验丰富的高级员工指导一个或多个员工。

▶关注员工的专业和个人成长。

▶设定的目标可以随业务目标的变化而变化。

▶制定时间表。随着个人的发展，时间表也会发生变化。

持续学习

持续学习指在组织内部和外部持续进行员工培训。持续学习由管理者发起，不仅可以提高员工的技能和表现，而且有助于提高他们的工作动力。

员工学习

从组织内部的指导到组织外部的培训，管理者要发挥关键作用，积极促进员工在各个层次上的发展。组织通过持续学习曲线为员工提供支持和资源，从而产生切实的效果。持续学习不仅应该包括提升员工的工作技能，还应该包括帮助员工在智力和行为上得到成长。

当今，组织面临这样一个挑战，

很多员工认为他们没有时间离开工作岗位去参加培训课程。为此，近年来出现了"在工作中学习"的概念。现在，在持续学习方面做得比较好的组织会提供数字工作系统，员工可以在需要时即刻访问"微观学习"资源。

在任何组织中，管理者都应该确保员工有权享有他们最需要的学习计划，从而促进团队成员的发展。

持续学习曲线

为了鼓励员工沿着持续学习曲线前进，管理者应该提供一系列合适的发展机会。培训类型及不同学习内容的顺序可因个人和组织的不同需求而有所不同。

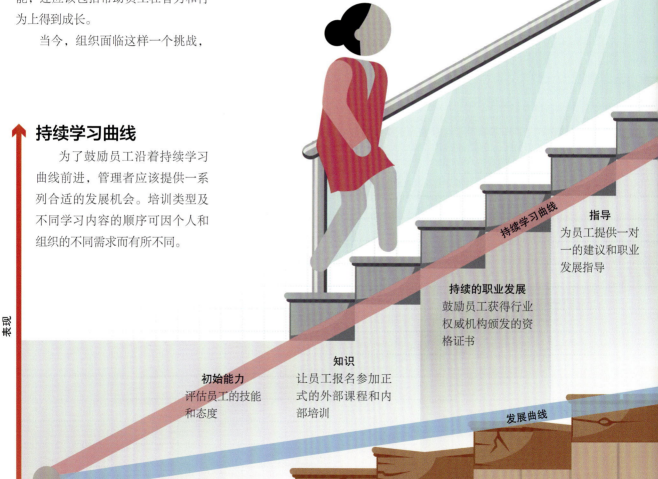

表现

持续学习曲线

指导
为员工提供一对一的建议和职业发展指导

持续的职业发展
鼓励员工获得行业权威机构颁发的资格证书

初始能力
评估员工的技能和态度

知识
让员工报名参加正式的外部课程和内部培训

发展曲线

时间（年）

合作
允许员工通过
与他人合作学
习新的方法和
掌握新的工具

经验
分配新的任务，并
允许员工犯错，以
此促进个人学习

没有持续学习

宏观学习和微观学习

大多数员工几乎没有足够的时间参加专家开设的正式宏观学习课程，所以自我引导的微观学习数字工具越来越受欢迎。

微观学习	宏观学习
"我现在就要知道。"	"我想学习新的技能。"
需要5分钟或更短的时间学习；用工作计算机学习	需要几个小时或几天学习；基于课堂学习
基于主题或问题的学习	基于概念、原则和实践的学习
可以搜索问题的答案	由专家设定练习和评分
可以访问索引系统	向专家学习；获得指导和支持
准确、易于操作的数字化内容	来自专家的权威材料
形式：视频、文章、微观学习平台、工作流程学习工具	形式：课程、培训项目

案例研究

优步公司

优步公司为了培训欧洲、非洲地区的司机，开发了微观学习平台。司机可以通过自己的手机登录平台。与亲自在培训机构参加培训的司机相比，采用微观学习平台的司机的上手速度要快13%。与其他司机相比，微观学习平台的持续培训为司机提供了更多赚钱的机会，并使他们的效率和满意度提高了8%。

绩效管理

　　管理者可以使用绩效管理系统（PMS）评估员工的绩效。绩效管理系统是一个框架，它确定了员工的目标，并定期评估员工工作进度。

持续不断的反馈

　　绩效管理系统旨在衡量个人在组织内整个职业生涯的发展，从加入组织开始，直至离职或退休。通过绩效管理系统，管理者可以监督员工的工作进度，员工可以收到有关进度的反馈，而管理者也可以全面了解组织中哪些领域正在蓬勃发展，哪些领域表现平平。在评估之前，管理者要设定基准或目标，这就是员工在组织工作的起点，它必须与组织的价值观保持一致。

　　管理者应该定期监督员工的工作进度，通过反馈对员工进行表扬和鼓励。根据组织的规定，管理者还要定期正式审核员工绩效。

1. 计划

▶ 员工加入组织后立即开启这一过程。

▶ 与员工共同商定绩效期望和目标。

▶ 制定时间表，设定截止日期，使目标具有时限性。

▶ 确保员工的目标与原始职位描述一致。

▶ 定期重新评估并重设目标，通常在每个财年开始时进行。

4. 奖励

▶ 确保员工的成就得到正式认可。

▶ 根据员工的成就和目标给予相应的奖励，可能包括加薪、发放奖金、升职、奖励带薪休假等。

▶ 给员工分配专门定制的项目，作为他们进一步发展的机会。

▶ 公开表扬员工取得的成就，确保他们得到同事的认可。

2. 监督

▶定期审核绩效；审核频率至少为每月一次或每季度一次。

▶提供建设性的反馈。

▶为员工分配教练，帮助他们实现绩效目标。

▶当业务环境发生变化，迫使组织重新评估工作的优先级时，员工的目标也要随之调整。

持续的绩效管理

　　近年来，奥多比和微软等公司发现，持续的绩效管理非常有效。在这一过程中，绩效的讨论和审核都遵循较短的连续周期，而不是每年一次。这些公司发现，增加定期讨论绩效的次数和更快速的反馈会提高员工的动力。

绩效管理系统

　　世上没有万能的绩效管理系统，每个组织都必须创建一个能够反映自身价值观和目标的系统。该系统成功的关键在于管理者和员工共同致力于实现与组织宗旨相一致的目标。定期监督和培训对员工和管理者都是有益的，这会鼓励他们不断进步，并防止不良习惯的养成。

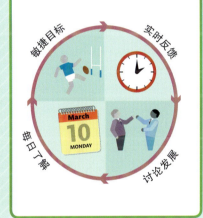

3. 审核

▶评估员工的表现。

▶听取同事（包括其他管理者）对员工的反馈。

▶确定员工的工作需要进行哪些调整。

▶帮助员工规划未来。

32% 的员工必须要等3个月以上才能获得管理者的反馈。

Officevibe调查，2016年

360度反馈

360度反馈是一种评估员工能力的结构化方法，它通过整理被评估者的同事、上级、下属等其他人的观点生成公正而全面的反馈。

广泛评估

德国军队在第二次世界大战期间使用过360度反馈，这是该方法的第一次使用。后来埃索研究工程公司和通用电气公司分别在20世纪50年代和80年代使用过这种方法。现在360度反馈已被很多组织广泛采用。

采用这种方法时，组织通常会邀请被评估者的同事、上级、下属、其他部门的经理，甚至客户对其进行反馈。与管理者自己做出评估相比，这种涉及广泛的评估方法可以全面均衡地反映一个人的能力。

虽然360度反馈可以全面地反映个人表现，但它没有那些专注于特定技能和目标的绩效评估方法详尽。管理者应该客观而积极地给出反馈，否则被评估者可能会因为批评意见而士气低落。

下属
向被评估者汇报工作的团队或员工

精心设计的问卷

执行360度反馈需要一份精心设计的问卷，供受访者和被评估者使用。受访者可以根据问卷上的问题就相关领域对被评估者做出评估，比如领导力、团队合作、计划执行和工作成就。现在，很多组织使用在线问卷分析信息并快速得出结果。

1 选择
为了增强员工的信任和信心，管理者应该给予被评估者尽可能多的信息。管理者可以邀请被评估者选择谁来做受访者对其进行评估。

2 问卷
给受访者发放问卷。上面的问题应该是开放性的，并且侧重于被评估者表现出来的或需要提高的特定技能。被评估者也要填写一份问卷进行自我评估。

3 结果
管理者汇总结果后与被评估者进行讨论。反馈有助于被评估者建立自己的优势，并努力提高需要改进的地方。

同事
与被评估者级别相近的同事

自己
被评估者自己要诚实地评估自己

上级
被评估者的直接上司或其他
上级管理者

客户
公司外部与被评估者有业务往来
的人

《财富》500强公司中
有**90%**使用360度
反馈。

特里·林曼（Terri Linman），
美国加利福尼亚州圣地亚哥州立大学，
2006年

文化差异

　　尽管360度反馈是一种广为接受的评估方法，但文化差异仍会通过"宽容偏向"影响反馈结果。"宽容偏向"指个人倾向于根据自己的文化态度高估或低估同事或他们自己。例如，在东南亚等地区，受访者可能会因为担心冒犯或不尊重被评估者而给出很高的分数。此外，他们可能还倾向于低估自己的表现。因此，在这些地区，员工自评与他评就会存在巨大的差距。不过，在某些国家，自我评估的结果与受访者的评估结果会比较接近。跨国组织在对比区域绩效时应重点考虑这一因素。

✔ 须知

▶邀请更多的受访者以最大限度地提高反馈结果的可靠性。

▶在某些国家，比如英国和美国，员工有权查看组织持有的有关他们的信息，包括360度反馈调查问卷的结果。

4 沟通

有效沟通

了解人们如何处理视觉信息和书面信息是良好管理的基础。它对于团建效率至关重要，可以确保大家明确目标是什么，并且建立积极的关系。

清晰沟通

早在1964年，《哈佛商业评论》的订阅者就将沟通能力评为"管理者晋升的最重要因素"。大量报告证实，沟通不畅会导致严重的损失。

良好的沟通技巧对管理者各个方面的工作都至关重要，可以确保他们在向员工传达工作、与员工讨论问题并提供反馈时清晰简明地阐述自己的观点。此外，良好的沟通技巧还要基于正确的沟通媒介，管理者要选择正式或非正式的方式，并在合适的时间提出合适的问题，比如以直接易懂的方式向员工提出开放式的问题。

倾听和回应员工的能力也是一个核心要素，因为它可以激励和吸引他人。此外，管理者还要了解非语言沟通，这样就不会无意间削弱自己要传达的信息，还能从对方身上做出准确的解读。

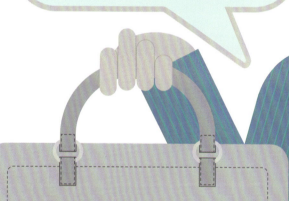

语言沟通

➤ 为了表述清楚，要使用简短的词语和句子。

➤ 说话不要着急，中间要有停顿，以便对方可以理解你说的内容。

➤ 抬起头，平静呼吸，保持声音清晰。

➤ 变换声调和音量，不要让对方失去听的兴趣。

➤ 提问，进行对话。

沟通方式

管理者需要精通各种形式的沟通，包括语言沟通（面对面或打电话）、非语言沟通（肢体语言和语气）、书面沟通（信件和电子邮件）。每种沟通方式都需要一定的技巧才能有效传达信息，并建立积极的人际关系。

非语言沟通

➤ 经常进行眼神交流（如果文化允许），通过面部表情表现出对谈话的兴趣。

➤ 尊重他人的个人空间。

➤ 穿着要符合当时的环境。

➤ 不管坐着还是站着，都要笔挺，以显示自信。

➤ 语调要温暖和蔼，以建立融洽的关系。

有效分配任务

❯仔细思考自己的期望，以口头或书面形式清晰地表达出来。

❯直接向员工介绍情况，请他们重复指示以确保理解。

❯与员工讨论他们计划如何执行任务，检查他们是否拥有合适的资源。

❯给出明确的任务完成期限，并安排跟进对话。

需要避免的问题

开放式的问题会得到更充分的回答，而某些类型的问题可能会疏远员工，应避免使用。

❯有操纵意味的问题听起来令人生畏，会引起对方的不适。不要说："你今晚会把总结发给我，是不是？"可以说："我今晚能收到你的总结吗？"

❯一次性问多个问题会引起混乱。不要说："你什么时候可以做？今天，明天，还是后天？"一次只问一个问题。

❯破坏性的问题会引起仇恨。不要说："你的意思是我在撒谎吗？"可以说："对于我刚才说的话，你有什么担心吗？"以此来了解对方心里在想什么。

书面沟通

❯保持信息简洁，使用简单的词语和句子。

❯开篇说明要点或指示。

❯即使在提出问题或批评时，也要使用令人愉快的礼貌措辞。

❯结尾处明确要求回应或需要采取的措施，并注明截止日期。

❯发送前全文检查一遍。

> "沟通的艺术是领导者的语言。"
>
> 美国总统演讲撰稿人詹姆斯·休姆斯
> （James Humes）

积极倾听

积极倾听指全神贯注于对方所说的话，同时观察有没有非语言提示。积极倾听是有效沟通不可或缺的一部分，也是所有管理者需要具备的一项基本技能。

学习倾听

研究表明，管理者的绩效及其作为领导者的效率与他们有效倾听的能力直接相关。这项技能在管理中尤为重要，因为研究发现关注团队成员有助于培养一支进取忠诚的团队，他们也会愿意分享自己的想法。积极倾听还可以使管理者更准确地回忆信息，减少误解的可能性。

倾听并不是一种自动响应。要想成为一名娴熟的倾听者，需要完全专注于对方所说的话。这是一项可以逐渐学习和培养的技能。行为心理学家还区分了被动倾听和主动倾听。被动倾听指没有回应的聆听，而主动倾听指有反馈的倾听。

管理者如果掌握了积极倾听的技能，就会在工作中打开沟通的大门。如果团队成员发现有人愿意倾听他们

所说的话，那么他们更有可能积极地谈论自己的想法或问题，他们也会表现得更好。

如何积极倾听

全神贯注地倾听对说话者是一种鼓励，因为这会让说话者感觉自己受到了重视。积极的倾听者可以使用非语言回应，比如点头、眼神交流或微笑，也可以用语言回应，比如询问相关的问题或回忆特定的细节。在整个对话过程中保持积极倾听很重要。

1. 专注
关闭手机，不要同时做多件事，消除一切干扰。关注对方，保持耐心，不要打断。

2. 表示同情
点头表示认可对方的话。如果合适，可以进行眼神交流。

接受过倾听技能培训的专业人士不足**2%**。

格伦·罗比斯（Glenn Llopis），
2013年

3. 模仿
注意对方的肢体语言，巧妙地加以模仿。

4. 改述
用自己的话重复对方所说的话，以此表示你明白了对方的话。

5. 回应
等对方说完话，再根据他的话做出回应。

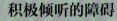

积极倾听的障碍

▶外界干扰，比如电话铃声或外面道路传来的交通噪声。

▶身体上的干扰，比如口渴、饥饿、头痛或需要上厕所。

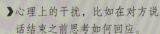

▶心理上的干扰，比如在对方说话结束之前思考如何回应。

非语言沟通

人们通过非语言信号传达的信息通常比语言更具启发性。埋解非语言信号的意思有助于管理者更好地与同事、员工和客户进行互动。

强大的工具

人们的面部表情和手势会极大地影响他们与周围人的互动。体语学就是研究这一领域的一门学科，它由人类学家雷·伯德惠斯特尔（Ray Birdwhistell）在20世纪50年代提出。1952年，他首次在《体语学导论》一书中对此做出了描述。这本书指出，在人际沟通中，肢体语言占55%，声音（比如语气）占38%，语言仅占7%。

有效利用非语言信号对工作有很大帮助。例如，如果管理者向员工提供反馈时保持微笑、轻言轻语和放松的姿势，那么就会给员工留下积极的印象，即使提起尴尬的话题也会如此。使用负面的非语言信号则可能产生不利的影响。与新客户见面时，如果姿势僵硬，没有眼神交流，对方可能会认为你存有敌意。在提供不褒不贬的反馈时，如果肢体语言是负面的，反馈就会被视为批评。

检查外表

你的着装会给人留下第一印象。确保你的服装和打扮适合你要见的人、你们的交流内容，以及环境。

控制举止

做手势时，幅度要小，并且贴近身体，以给人一种自信和礼貌的印象。低沉但响亮的声音和放松的姿势会增加你的镇定感。

使用非语言信号

在工作场所和其他地方，手势、语气、眼神交流和身体姿势可以立即传达言外之意。注意自己和他人的非语言信号并理解其含义，在与同事互动和谈判中非常重要。

相同的手势，不同的含义

在一家全球性组织中，并非所有员工对同一肢体语言都有相同的解读。在不同的文化中，某些手势可能具有完全不同的含义。以日本为例，热情地挥舞手臂是不礼貌的。另外，在某些伊斯兰国家，竖起大拇指是粗鲁的行为。

93% 的沟通是非语言沟通。

雷·伯德惠斯特尔，
《体语学导论》，1952年

小心触碰
在职场中触碰他人的禁忌因文化而异，管理者应该确保自己了解并尊重当地习惯。

注意眼神交流
眼神交流通常会增强信任，不过在某些地区，说话时用眼睛看着上司会被视为不尊重人。

利用声音动力学
说话的方式可能比说话内容更重要。语气、音量、速度、语调、力量和清晰度都有助于传达话语的意思，展现出说话者对倾听者的态度。

非面对面沟通

随着技术日新月异地发展，组织希望实现全球连接和即时信息访问，面对面进行交流的情况越来越少，其他形式的沟通应运而生。在没有肢体语言的情况下，避免误解至关重要。这里介绍几条有关打电话、发电子邮件和发短信的准则。

打电话
当对方看不到你的面部表情时，简短尖锐的声调可能会让人觉得你很冷淡甚至生气。打电话时声音轻快愉悦是友善的表现。

发电子邮件
"祝好"等用语是体现礼貌和尊重的标志。不要使用不礼貌的表达方式，例如"你完全可以看看我上封邮件中所说的"，它的潜台词是"我都告诉过你了"，这些话听起来可能有些粗鲁或给人居高临下的感觉。

发短信
在非正式通信中，笑脸等表情符号有助于传达你说话的意图和态度。不过，如果短信的内容不适合用笑脸符号，就千万不要使用，否则使人看起来有暗讽的意味。

给予反馈

每个组织都依靠员工有效地履行职责并朝着共同的目标努力，给予反馈是其中的关键。

让反馈发挥作用

众所周知，无论管理者给团队成员的反馈，还是员工给管理层的反馈，如果是有建设性的，而且沟通顺畅，就都会提高组织的效率。反馈可以以非正式的方式给予，它也是正式的结构化评估的重要组成部分。反馈不仅会让员工感到自己受到了重视，还可以让员工感受到自己的进步，这甚至比加薪等其他激励的作用更强。

管理者提供反馈的方式决定着员工的反应——可能会催其进步，也可能会令其士气低落。创造性领导中心的研究表明：以苛责的方式给予缺乏建设性的反馈是没有效果的，因为它可能会让员工筑起防御之墙；以建设性的方式提供反馈，不管正面的还是负面的，对员工的发展都至关重要。不过，管理者的反馈重点不应该仅仅放在个人长处上，如果忽略短处，就会给员工一个错误的印象，从而阻碍团队合作。管理者在给予负面反馈时，应该采取建设性的方式，要做到不偏不倚。

给员工一个可以反馈的机会，让他们说一说自己对组织管理的看法，这样有利于进行双向对话。

及时提供反馈，否则员工可能会有一种失意感。他们会觉得要独自继续执行任务，而没有得到适当的纠正。

给予反馈的策略

管理者应该及时提供具体的反馈，而不要针对员工个人。管理者还要确保以积极的方式给予反馈，包括措辞和要传达的情感信号。管理者提出的问题应该是开放性的，以便员工能够自己思考并做出回应。

要以积极且具有建设性的方式给予反馈。如果以负面的方式给予，可能会让员工产生被威胁感。

不要单方面说教，要提出问题以激发员工的反思。鼓励自我反省可以帮助员工尝试和探索新的方法。

情感信号

美国迈阿密大学商学院教授玛丽·达斯伯勒（Marie Dasborough）研究了两组接收反馈的人。第一组得到的是负面反馈配以积极的情感信号，比如微笑和点头。第二组得到的是积极反馈配以消极的情感信号，比如皱眉和批评的目光。在后续访谈中，第一组对自己的表现给出了更高的评价。这项研究的结论是，反馈的给予方式可能比反馈内容本身具有更强的激励作用。

确保反馈不针对员工个人。无论正面的反馈还是负面的反馈，评价对象都应该是员工在工作岗位上的表现，而不是员工的性格。

反馈要具体。反馈时应说明某一行为的具体实例，可注明发生的时间和地点。

在反馈很少，甚至没有反馈的情况下，**40%**的员工不会主动投入工作。

《福布斯》，2017年

沟通方法

当无法面对面沟通时，一定要选择正确的替代方法。具体的方法取决于沟通对象、情境及要沟通的信息。

虚拟的面对面沟通

1964年，传播理论家马歇尔·麦克卢汉（Marshall McLuhan）提出"媒介就是信息"，意思是理解信息的方式取决于信息的传递方式。这个理念目前仍是沟通思想的基础。

尽管电话和电子邮件等传统工具仍是沟通的主要途径，但越来越多的管理者开始转向基于云的软件和平台，它们更加复杂，能够通过应用程序实现远程沟通。这些平台与社交媒体类似，团队成员工作时就像在一间始终开放的虚拟会议室中一样，他们可以进行群组聊天或视频会议，可以共享文档并协同工作。管理者可以通过这种方式与员工交流并监督团队的工作，而且几乎可以在任何地方随时沟通。

不同的方法

沟通方法主要分为两类：单向沟通和双向沟通。单向沟通实际上类似于告示板，可以吸引大量受众，因此在通知或培训员工时非常有用。对于即时反馈，双向沟通则更合适。

单向沟通

内联网
内联网是组织内部的计算机网络，也是一种将信息传递给大量员工的有用方法。

网络广播
网络广播通过网络来直播讲话或活动，非常适合培训员工。

网络研讨会
与网络广播一样，网络研讨会也是一种有用的培训工具。有些网络研讨会会限制参与人数。

双向沟通

电子邮件
在很多情况下，电子邮件已经取代了邮寄信件，它是与同事和客户保持联系的快捷途径。

网络会议
通过网络会议，不同地方的人可以参加同一场会议并共享文档。

电话
打电话或发短信可以使两人或多人进行即时沟通。

组织通过使用社交协作工具，可以将员工的生产率提高 **25%**。

麦肯锡全球研究院，2012年

何时使用何种工具？

何时	工具
❯ 员工有疑问时不知道联系谁，或者员工需要部门内部成员或上级领导的详细信息。	组织的内联网，上面有员工介绍
❯ 管理者无法追踪项目的进度和期限，或者项目在等待高管批准前停滞不前。	具有进度追踪、通知和提醒功能的工作流工具
❯ 员工没有看到含有重要信息的电子邮件，管理者不确定员工是否收到了电子邮件。	提醒和通知工具
❯ 客户留存率下降，客户反馈是负面的，或者来自客户或其他部门的反馈减少。	问题追踪软件

播客
有关项目或决策的变更信息可以做成数字音频文件上传到互联网上。

报告
无论现场直播还是录播的报告，它们都是向大量观众传达重要信息的绝佳方式。

语音信箱
在紧急情况下或网络中断时，可以通过语音信箱服务向员工传递信息。

视频分享网站
很多视频网站允许用户观看和上传视频，也可以对视频进行分享。

协作平台
团队成员可以通过基于网络的协作平台进行沟通和共享文件，大家可以一起做项目。

应用程序
从视频会议到任务跟踪，一些办公应用程序可以提供各种协作服务。

问题追踪软件
问题追踪软件可以追踪沟通的历史记录，有助于找出责任人并迅速解决问题。

高效的会议

会议能够促进沟通、协作和决策。管理者可以遵循一些简单的准则，以确保会议内容能够得到良好的执行并提高团队绩效。

提高有效性

对于任何组织而言，会议都是必不可少的，并且是管理不可或缺的一环。管理者可以通过最简单的会议与员工、同事或上级分享信息，比如团队例会。这样的会议可以是非正式的，不需要会议议程或会议记录。管理者应该清晰地传达信息，根据需要可以使用讲义或幻灯片，然后请大家提问以确保每个人都理解了会议内容。

不过，需要做出决定的会议，比如要商定一个计划，就必须经过精心的安排。要想使会议达到预期效果，应该制定并遵循会议议程。管理者应鼓励参会人员积极讨论，并指派人员做好会议记录。会议记录要涵盖每个人的发言、讨论内容，以及做出的决定。会议结束后，管理者应该将会议记录发给所有与会者，并跟进执行进度。

会议的类型

召开会议时，管理者必须确定会议的类型，并明确告知与会者开会的目的。安排合适的开会地点和时间也很重要，例会和信息分享会的时间可以短一些，头脑风暴或解决问题的会议可以长一些。管理者还应该清楚自己在会议中的角色，比如主持会议、授权、分享信息或鼓励创造力。

定期更新状态
管理者可以通过这种会议分享信息或向团队成员索取信息。这种会议是非正式的，时间比较短。

信息共享
为了使会议达到预期效果，管理者必须掌握所有必要的信息，愿意并且能够回答与会者提出的问题。

决策制定
管理者应鼓励所有与会者参与达成协议。

值得开的会议

　　研究表明，准备不足的会议可能没有效果，还浪费了与会者的时间。为了最大限度地提高会议的效率，取得切实的成果，并让与会者感到自己的时间花得值得，管理者应根据会议的类型考虑以下因素：

 ❯确定会议的目的，确保所有与会者都完全明白会议的目的，以便他们可以决定是否需要参加会议。

 ❯提前公布会议议程，这样与会者可以准备相关信息或要提的问题。

 ❯根据会议内容限定会议的时间。如果会议在45分钟内就能开完，就不要安排60分钟的会议。

 ❯会议结束后，马上整理好会议记录（可提前安排一位优秀的会议记录者）。会议记录中应该列出会议决策和行动时间表。

 ❯跟进与会者，确保所有工作都按照会议记录执行。

75% 的管理者没有接受过如何召开会议的正式培训。

TED.com，2017年

解决问题
如果要解决问题，由管理者主持的非正式的头脑风暴会议可能会富有成效。

创新
与解决问题的会议类似，管理者应该欢迎所有人提出自己的想法，并允许与会者讨论这些想法各自的价值。

分享创意
人们在放松时效率最高，管理者应该让每个人都畅所欲言。

报告

能够吸引听众并通过有说服力的报告传达核心信息是一项关键的管理技能。要记住，准备报告和讲演都离不开实践。

吸引注意力

最好的报告依靠的往往是图形而非文字。史蒂夫·乔布斯在苹果公司做报告时，听众聚精会神，这不仅是因为讲话的人是乔布斯，而且因为他的报告颇具影响力。分析师指出，乔布斯通常会在一张幻灯片上放一个字体很大的统计数据或一张图片，配以很少的说明文字。现在，这种一张幻灯片阐述一个数字或一个事实的方法已成为苹果公司所有高管的标准方法，它也是管理者应该学习的一个很好的例子。

提前对听众进行全面研究并准备好相关的报告内容才能吸引听众的注意力。通过研究，报告者可以讲述与听众有关的故事、数据和事实来满足他们的需求。在制作幻灯片时，报告者应该考虑听力或阅读有困难的人。

提前准备至关重要。在准备过程中，报告者不仅要想清楚要讲什么内容、怎么制作幻灯片，而且还要预见可能出现的问题。

如何做好报告

一场好的报告会给听众留下深刻的印象。和听众有规律地进行眼神交流，保持微笑，使用开放自然的手势，这些都有助于报告者展现其能力。管理者应该学习如何充满激情、有说服力地进行公开演讲，并自信地回答问题，这样才会赢得听众的尊重。

1 提前准备
弄清楚谁会来听，并相应地调整内容。提前发送报告议程并提醒人们参加。

2 制作富有创意的幻灯片
报告者可根据报告内容调整幻灯片的模板和颜色，并放置图片以帮助传达信息，同时注意使用易于阅读的字体和字号。

5 激发听众
可用反问的句式增强语气，可引用权威研究结果和人们在生活中的经历，也可引用专家的话吸引听众的注意力。

6 结束报告
报告结束时要做一个总结，如果需要，可以呼吁大家采取某项行动，同时还要询问听众对报告有没有疑问。

7 准备问题
如果没有人提问，报告者可以自己提问。要提前做好广泛研究，准备好应对各种问题及相关联的事实和数据。

幻灯片字体

制作幻灯片的理想字体需要具备很强的可读性，尤其要考虑远处的听众。此外，字体还要与报告主题一致。除了微软幻灯片的标准字体Calibri，下面六种字体在制作英文幻灯片时也可以考虑使用：

Franklin Gothic：容易辨认，有不同的粗细和宽度可供选择。

Garamond：优雅精致，适合小号字体。

Segoe UI：可读性更高，更人性化，适合标题和小号字体。

Tahoma：清晰可辨，适合科技文本。

Impact：厚重大气，引人注目，是标题字体的理想选择。

Verdana：清晰端整，适合小号字体。

案例研究

拉特纳效应

杰拉尔德·拉特纳（Gerald Ratner）是珠宝领域成功的企业家。他从父亲手中接过了一个不大不小的生意，并依靠这个生意建立了庞大的商业帝国。1991年4月23日，拉特纳在6000多名商人和记者面前进行了一次演讲，结果摧毁了自己的商业帝国。当被问及他商店里的雪利酒醒酒器为什么仅卖4.95英镑时，他回答说："……因为它的质量很差。"结果，拉特纳的公司市值在几天之内蒸发了5亿英镑。拉特纳不仅失去了自己的公司，还失去了他的个人财富。

3 精彩的开头
在报告开头可以讲一个幽默或动人的故事，抑或令人震惊的事实，从而与听众产生共鸣。

4 解释报告的目的
分别介绍每个想法，并用统计数据支持每个想法。

> "知道自己在讲什么的人不需要PPT。"
苹果公司联合创始人史蒂夫·乔布斯

须知

▶核心信息是报告的重点，需要清楚简短地进行呈现。

▶非语言交流是一种使用手势和肢体语言来帮助传达信息的方法。报告者应该使用开放自信的手势，并四处走动，帮助听众保持注意力。

8 最终结束
重申报告重点，如果有必要可再次呼吁大家采取行动，将听众的注意力带回到报告中。

9 跟进
把报告的总结发给听众，让报告继续发挥作用，同时可以问问他们有什么反馈，为日后的报告做准备。

组织传播

组织传播是一种提高组织声誉并在组织内外传递价值观的方法。拥有良好的声誉是组织可持续发展的根基。

传递正确的信息

大多数组织有专门负责组织传播的个人、团队或部门。组织传播包括管理组织的形象和声誉，并向内部员工和外部媒体及利益相关者（包括股东、合作伙伴、客户等）宣传组织的价值观。

组织传播刚刚出现时，重点集中在产品宣传上，主要工作为组织外部的宣传活动和撰写新闻稿。近些年来，组织传播的重点已经转移到提高员工的敬业度和幸福感上。组织因此开始建立内联网来共享信息，并定期组织会议与员工讨论绩效和未来目标。但是，组织传播的关键任务仍然是管理组织的声誉，因为声誉一旦有任何变化就有可能影响组织的收入、生产率和员工离职率。

内部传播

员工幸福感

❯ 建立内联网共享组织信息，使员工保持敬业度。

❯ 举办论坛供员工分享信息并给予反馈。

❯ 让一线管理者把组织目标解释给各级员工。

❯ 在线发布就业政策，使利益相关者了解组织内员工幸福感计划的实施情况。

❯ 与员工实时共享信息以管理变革，定期调查员工对变革的反应，与员工共同庆祝组织的成功。

实现有效内部传播的组织为股东带来的回报比传播不畅的组织高

47%。

专业服务提供商韬睿惠悦，2010年

建立声誉

组织传播经理的总体目标是帮助组织建立声誉。组织声誉主要体现在两方面，一是成为人们愿意为之工作的雇主，二是表现出社会责任感，愿意为社会做贡献。内部和外部传播对于树立和维护这个形象至关重要。

外部传播

媒体关系

❯在媒体传播中要诚实开放，忠于组织的价值观并确保有行动支持。

社会责任感

❯在社会问题上坚持正确的立场，这将提高员工敬业度并提升组织形象。

❯传递令人信服的清晰信息，表明组织如何在这些社会问题上采取行动（利益相关者会拒绝看似空洞的信息）。

❯安排好传播信息的时间。在某个问题上过早地表明立场，可能会显得仓促，任何信息在发布前都需要仔细思考。

可持续发展

❯公布可持续发展目标，然后衡量相关的进展。

❯向员工和利益相关者报告进展，组织的社会地位会对他们产生影响。

慈善工作

❯使用社交媒体推广慈善活动，比如筹款活动。

❯以图表的形式给出数据，以引人入胜、易于理解的方式宣传慈善事业。

声誉

❯证明组织是一个优秀的雇主。

❯促进组织符合道德标准。

案例研究

马莎百货

2019年，英国马莎百货遭受了媒体和消费者的强烈抵制，原因在于它在一次促销活动中用一次性塑料儿童玩具作为赠品。马莎百货曾公开表示要削减塑料包装的使用，希望到2025年实现零浪费，而这项促销活动与公司的理念背道而驰。这起事件说明了组织保持诚信的重要性。

有效传播

组织传播经理的工作内容包括：

❯**让员工保持敬业度**：帮助员工应对组织变革，并了解组织的目标为什么与他们息息相关。

❯**仔细规划内外传播**：创造更有趣的内容，改编他人制作的内容，找到有助于传达关键信息的利益相关者。

❯**重新思考数字传播**：尝试使用应用程序或社交媒体等工具，确定哪种方式最能吸引受众。

危机沟通

在商业领域，危机指可能损害组织或威胁其客户的情境。危机发生时，管理者要立刻做出反应。

时刻做好准备

有些危机属于内部危机，比如组织资产价值损失或组织无力偿还债务；有些危机属于外部危机，比如消费者发现组织的某些产品有害健康。组织面临的危险不仅来自危机本身，还来自危机对组织公共形象的不利影响。

如果组织存在的问题被社交媒体或传统的新闻渠道传播，那么即使是内部危机也会迅速发展成外部危机。因此，管理者需要预见可能出现的危机，并制定应对方案。不管在组织内部，还是与外部各方联络，清晰及时的沟通都很重要，它将决定组织会挺过危机，还是会深陷其中。

危机发生时，组织要立刻做出反应，承认所发生的事，并对受影响者表示同情。组织应该在随后的24～48小时发布公告，说明关键的事实。管理者需要时间收集信息，但如果公众等待时间过长，不安就会加剧。在这种情况下，组织可能需要法律支持，但应该谨慎处理，并且必须使受危机影响的人受益，而不仅仅是保护组织。

1. 找出组织面临的潜在风险，并评估风险发生的可能性。

2. 列出利益相关者。利益相关者指发生危机时需要及时通知的人，包括管理者、员工、客户、投资者、媒体，以及公众。

3. 创建数据泄露应急平台或应急网站来应对潜在的数据泄露危机。如果发生泄露，及时激活应急平台或应急网站。

4. 指定发言人代表组织发言，制定沟通方案，确定应该何时在哪里传达哪些信息。

5. 确保危机处理计划涵盖组织的各个领域，不仅限于沟通方面。

6. 通过培训和实践来测试危机处理计划，以便危机管理团队可以做好准备。危机管理团队由高管、发言人、法律和公关专家组成。

危机前：准备好危机处理计划

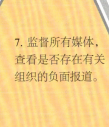

7. 监督所有媒体，查看是否存在有关组织的负面报道。

"如果早晚都会出现，不如马上遇见。"

美国前国务卿亨利·基辛格（Henry Kissinger），1982年

8. 一旦出现危机，立即启动紧急通信，以便发言人可以代表组织立刻做出响应。

60% 的董事会成员表示，他们的组织用了一年多的时间才从危机中恢复过来。

德勤，《信心危机》，2016年

9. 在随后的24～48小时，确保发言人向利益相关者传达关键的事实性信息。组织还要提供发布后续公告的时间，并定期更新。

10. 建立实体和虚拟的通信中心，处理来自网站、社交媒体和客户的问题。

11. 如有必要，可以寻求法律顾问、公关机构或相关领域专家的建议。

12. 危机得到控制后，立刻开始分析危机。确定危机处理计划的有效性及将来可以采取哪些措施进行改进。

出现危机：启动危机处理计划

危机后

说服和影响

精通积极的说服之道是人事管理的一笔重要财富，也是谈判成功的关键。管理者的说服力越强，他们在工作场所的影响力就越大。

培养积极性

要促成变革，说服比强制更有效。强制指把决策强加在别人身上，这样做很少能赢得尊重或激励他人。说服是一件很费时的事情，因此管理者需要事先评估可以说服哪些人及如何说服。管理者必须确定要解决的问题，允许员工参与讨论会让他们感到自己受到了公平的对待，有人在听取他们的意见。虽然说服那些持反对意见的人是说服的主要目标，但管理者不应该忽视现有的支持者——如果你认为这些人的支持是理所当然的，那么他们的支持就会迅速消失。管理者不必一开始就说服所有的人。人们会受到同事态度的影响，因此管理者在开始时先获得少数人的支持会引发连锁反应，随后会有更多的人被说服。

创造协同效应

不管交流多么简短，精通说服之道的人都会让人们有一种很好的感觉。他们不仅在面对面和小组讨论时达到这种效果，在面对组织内部更大的部门时，也会产生这种效果。真诚和同理心至关重要，如果管理者在员工眼中是值得信赖的可靠之人，那么他的影响力会更大。讲到共同利益时要用"我们"，不要用"我"，这有助于他人认同你的观点。此外，要提醒大家可以自由做出决定，以表尊重。采用恐吓战术会营造一种恐惧气氛，这样做没有任何帮助；不停地唠叨（"微观管理"的常见情景）会打消人们的积极性。

练就说服力

▶选择合适的时间和地点发表自己的观点。提前练习音调，不要露出信心不足的迹象。

▶提出简单、合乎逻辑的观点，消除负面影响，强调正面影响。

影响因素

古希腊哲学家亚里士多德提出了影响说服的四个因素，管理者可以利用它们使说服的成功率最大化。

❯ **人品**：确保你有资格提出观点，并且你在实践中已经获得了相关的专业知识。

❯ **情感**：通过激情、想象力和愿景在情感上吸引听众。

❯ **理性**：清晰、有逻辑地传达信息，确保你已经研究了相关行动方案的细节。

❯ **时机**：选择适合听众的最佳时机提出你的观点。

"从商最大的能力就是与他人相处并影响他们的行为。"

美国商人和政治家约翰·汉考克
（John Hancock），约1776年

❯ 向听众说明观点的好处和优点。

❯ 如果听众最初持怀疑态度，可以用温和的方式自己提出反对观点，然后予以驳斥，以此来消除对立的观点。

施加影响

❯ 与团队成员、用户、客户或利益相关者培养良好的关系。

❯ 做一个讨人喜欢的人，减少令人讨厌的行为或习惯。

❯ 兑现承诺，做到前后一致，建立信任和信誉。

❯ 表现出同理心，表明自己理解对方的观点。

谈判

　　熟练掌握谈判技巧的管理者会受到组织的高度重视。不管什么类型的谈判，要想取得成功，都需要进行充分的准备和清晰的沟通。

切合实际的目标

　　谈判可以说是管理者的家常便饭，比如组织之间的谈判、组织内部不同部门之间的谈判，以及团队之间的谈判。并非所有谈判都会成功，但是精心准备的谈判更有可能取得好的结果。

　　首先，谈判者必须根据组织而非个人目标制定切合实际的谈判目标，并确定底线。其次，谈判者应该研究对方，并评估他们的利益点。这样，当对方表明立场时，谈判者便可以发问并做出有效的回应。谈判者可以进一步探究对方的利益点，找到他们的真正动机，或是站在对方的角度提出他们更容易接受的观点。

　　谈判的途径包括电子邮件、电话或面对面（线上或线下）交流。谈判风格有自信型、被动型、攻击型等，谈判时应该仔细考虑谈判的总体风格。谈判者在沟通过程中所做的选择将决定其成败。在任何阶段，谈判者都可以让步、提出礼貌的要求、发出警告，如果谈判停滞不前，谈判者还可以提议共同讨论。

三步策略

　　谈判过程有点像决斗。谈判者最好事先做好准备，评估对手的实力，想清楚自己的战术，谁都不想被"打"个措手不及。双方见面时要建立融洽的关系，尽量消除对方的敌意。最后，双方达成协议或就后续事宜达成一致。

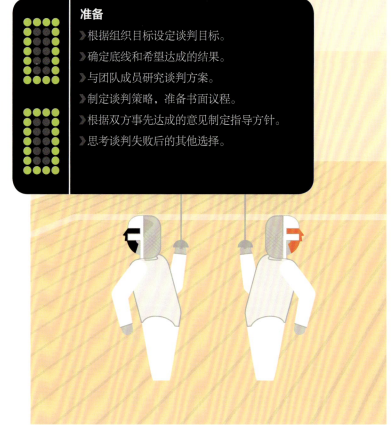

准备
> 根据组织目标设定谈判目标。
> 确定底线和希望达成的结果。
> 与团队成员研究谈判方案。
> 制定谈判策略，准备书面议程。
> 根据双方事先达成的意见制定指导方针。
> 思考谈判失败后的其他选择。

谈判风格

　　要想谈判成功，一定要培养正确的说话方式和肢体语言。要表现出自信，不要走极端，不要表现得很被动或攻击性过强。

被动型　　　　　　　**自信型**　　　　　　　**攻击型**

❯ 唯唯诺诺　　　　　❯ 信心十足　　　　　❯ 对抗性强

❯ 态度含糊　　　　　❯ 沉稳　　　　　　　❯ 表现出敌对情绪

❯ 情绪化，防御性强　❯ 以事实说话，而非情感　❯ 责备对方

❯ 使用模棱两可的语言　❯ 说话时多以"我"开头　❯ 说话时多以"你"开头

✔ 须知

❯ 最佳协议（Best Possible Agreement，BPA）指满足谈判者和各方利益的协议。

❯ 可达成协议的空间（Zone of Possible Agreement，ZOPA）指谈判各方都会接受的范围。

❯ 谈判协议的最佳替代方案（Best Alternative to a Negotiated Agreement，BATNA）也就是我们常说的"计划B"。

❯ 底线指谈判者能接受的最低要求。超过底线，谈判将无法继续，因为这样做与谈判者的利益相悖。

谈判

❯ 介绍自己，与对方建立融洽的关系。

❯ 通过提问找到对方关注的利益（他们的需求和动机）。

❯ 提出报价，看看对方的回应。第一次报价很少会被接受。所有提案都要做到合法、公平。

❯ 考虑妥协，寻求让步，做出让步。

❯ 提供有价值的选项：条款、可能性和交换条件。

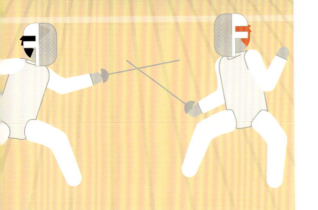

结束

❯ 观察对方的身体信号：他们看起来疲倦吗？他们的辩论是不是越来越弱了？

❯ 总结达成的协议和让步。

❯ 撰写书面协议。

❯ 跟进达成的协议。

❯ 如果无法达成协议，建议进行调解或进行第二次讨论。

❯ 准备离开。

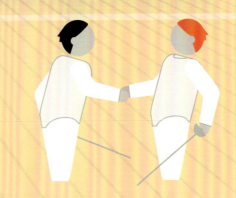

解决纠纷

纠纷可能很难处理，尤其当双方都对自己的立场深信不疑时。管理者需要找到公平适当的解决方案，最大限度地减少纠纷对组织的损害。

和平进程

不管是解决工作场所的纠纷，还是解决与客户之间的纠纷，管理者都必须客观冷静、迅速行动、积极倾听、善解人意，逐步寻求切实可行的解决方案。为此，管理者需要了解在特定情况下采用的最佳方法。1974年，美国学者肯尼斯·托马斯（Kenneth Thomas）和拉尔夫·基尔曼（Ralph Kilmann）在畅销书《托马斯-基尔曼冲突模式工具》中发表了他们在这一领域所做的研究成果。这本书提出了五种解决冲突的策略，每种策略都在自信与合作之间达成了一种平衡。

解决任何一种纠纷，或在双方之间进行调停，通常都需要与一方或双方进行艰难的对话。做好准备至关重要，要收集所有相关的信息并了解每一方的合法权利。对话时要采用适当轻松的方式并保持同理心，这样可以缓解紧张的局面，改善工作关系。

出现问题后，应该尽快开始对话，但需要各方先平静下来。如果是在工作场所发生的冲突，最好召开例行会议进行讨论，在问题上升为纠纷之前加以处理。纠纷发生后——不管是内部的还是外部的——任何决议都应以书面形式记录，并传达给所有相关人员。

解决冲突的五种策略

肯尼斯·托马斯和拉尔夫·基尔曼提出了五种解决冲突的策略。托马斯-基尔曼冲突模式工具采用矩阵模型，一条轴用来测量武断程度，另一条轴用来测量合作程度。管理者必须决定哪种方法最合适。

武断

↑

武断程度

不武断

强制

▶双方各有自己关切的问题，不考虑是否会影响对方。

▶表现为武断和不合作。双方各自使用他们认为获胜必须动用的力量。

▶如果是为了捍卫在道德或法律上正确的事，那么这种方法比较合适。

回避

▶双方避免对抗，他们既不关注自己的问题，也不关注对方的问题。

▶表现为不武断和不合作。

▶如果要婉转地回避问题，或将其推迟到更合适的时机再讨论，又或者双方认为在受到威胁的情况下选择退出更安全，那么这种方法比较合适。

不合作

功能性冲突和破坏性冲突

并非工作中的所有分歧都是冲突。出现一定程度的冲突是健康的表现，但具体要看冲突的类型。

功能性冲突是积极的，比如围绕问题进行建设性的批评和良性的辩论。

破坏性冲突是消极的，比如提出诽谤性言论或为了获得权力而隐瞒信息。它可能会导致团队成员关系紧张、压力增加，也会使员工满意度降低。

54% 的员工认为，管理者可以更有效地处理纠纷。

《工作场所的冲突：企业如何利用冲突实现蓬勃发展》，
CPP全球人力资本报告，2008年

合作

▶ 双方共同努力以双方都满意的方式解决争端。

▶ 表现为武断和合作，与"回避"完全相反。

▶ 如果双方希望全面地探讨分歧、取长补短、找到创造性的解决方案，那么这种方法比较合适。

妥协

▶ 双方都试图找到中间立场调和他们的分歧，得到双赢的结果。

▶ 表现为适度的武断和合作。

▶ 如果目标是找到让双方都满意的解决方案，这种方法比较合适。它比"回避"更能解决问题，但没有"合作"那么深入。

顺应

▶ 一方牺牲自己的利益来满足另一方。

▶ 表现为不武断和高度合作，与"强制"完全相反。

▶ 如果一方寻求帮助，另一方也希望表现出善意并继续保持良好的合作关系，那么这种方法比较合适。

合作

合作程度

5

自我管理

时间管理

时间是有限的、宝贵的，只有善用时间我们才能获得成功。管理者可以使用多种方法来确保自己和团队成员的时间得到有效利用。

合理使用时间

对于管理者而言，有效时间管理的关键在于了解时间都花在了哪里。连续记录几天或几周的日志是一个很好的起点，有助于管理者发现异常情况。管理者还要分析日志中记录的活动，评估它们与组织的优先事项是否匹配。如果组织的目标是增加合作伙伴，但只有10%的时间用在与潜在的合作伙伴培养关系上，那么管理者就应该深入探讨其中的原因。

接下来管理者要做计划，将注意力集中在重要任务上，确定在理想的情况下完成每项任务所需的时间。管理者要客观地确定任务的优先级，在估算时间时不要过于乐观，因为如果计划未能实现，员工的积极性就会减弱。管理者可以根据重要性和紧迫性对任务进行分类，这有助于确定哪些任务应该优先完成。

最后，管理者可以营造一种有利

帕累托原理

帕累托原理是以意大利经济学家维尔弗雷多·帕累托（Vilfredo Pareto）的名字命名的。帕累托原理指出，对于任何给定的活动，大约80%的产出来自20%的投入。从管理的角度来看，这意味着人们在一个项目上80%的投入可能是无效的。因此，管理者要确定那20%效率最高的部分，并给予它们最高的优先级。

努力

80%

减少低效活动

▶找出80%效率低下的活动，评估哪些可以舍去。

▶考虑剩余的活动是否可以更高效地完成。

▶探索其他方法，比如外包。

20%

结果

于时间管理的环境。举个例子，管理者可以鼓励员工采用一些方法，比如根据时间效率来安排一天的工作，还可以将复杂的项目分解为一个个较小的任务。

> "大多数人在别人浪费掉的时间里取得了进步。"
>
> 福特汽车公司创始人亨利·福特

有效性和效率

有效性和效率是易被混淆的两个概念。保持有效性指努力实现正确的目标，即达到预期结果。对于管理者来说，就是要确保团队将注意力集中在正确的事情上。保持效率指充分利用资源来实现目标，比如制造产品时将浪费和成本降至最低。因此，保持效率是一个持续改进的过程，管理者达成有效性后可以鼓励团队提高效率。

努力

20%

将效率最大化

▶确定20%效率最高的活动，评估它们有哪些成功因素。

▶探索是否可以将确定的有效措施应用于生产率较低的活动上。

▶优先考虑最有成效的那一小部分活动。

80%

结果

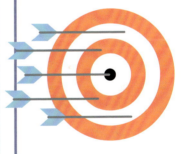

保持有效性指确定并达到正确的目标。

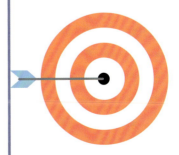

保持效率指在达到目标的过程中不浪费精力和资源。

个人影响力

了解和发展个人影响力有助于建立有效的人际关系，打造成功的职业生涯。

增强意识

个人影响力指一个人对他人的影响，关系到他人对其个人及想法的接受程度。研究表明，我们刚与某人见面几秒钟就会形成对他的看法，但这种看法往往是片面的。从他人的肢体语言到着装，各种无意识偏见都会影响我们的判断。

有一种方法有助于克服这些偏见，那就是提高自我意识。这需要我们牢记自己对他人的反应，更重要的是，要牢记其他人对我们的反应。后者之所以重要，是因为别人也有偏见。例如，如果来面试的应聘者认为面试官一般都很粗鲁霸道，那么这可能会影响他们对待面试的方式，而不管面试官的态度如何，他们的看法都不会改变。

个人影响力还会对工作上的成功产生影响。如果管理者太过强势，员工可能不愿意冒险提出自己的意见，新的创意可能会就此流逝。同样，如果某人比较软弱，其他人可能会忽略他，他的意见也不会被人重视。

"约哈里窗口"

有一种方法有助于提高自我意识，那就是运用"约哈里窗口"。"约哈里窗口"由美国心理学家约瑟夫·勒夫特（Joseph Luft）和哈林顿·英厄姆（Harrington Ingham）提出，它能够帮助人们更清楚地了解自己。它对管理者和员工而言都是一种宝贵的工具。

打开自我

"约哈里窗口"将性格分为四个象限：一个象限包括我们自己和他人都知道的方面；另一个象限包括我们自己知道但其他人不了解的方面；一个象限包括别人知道但我们自己不了解的方面；一个象限包括我们自己和他人都不知道的方面。为了最大限度地了解自我，我们要比较自己眼中的"我"和他人眼中的"我"。我们的目标是通过寻求反馈，更多地了解自己，以扩大"约哈里窗口"的第一个象限（"开放区"）。

开放区
你和其他人都知道的方面，比如你很外向，很友好，喜欢与他人在一起。

隐蔽区
你知道但其他人不知道的方面，比如你沉迷于健身。

下定决心
为了改善人际关系，下定决心扩大自己的开放区。

盲目区
别人知道但你不知道
的方面，比如你平时
很安静。

未知区
你和其他人都不知道的
方面，比如你也许很有
韧性或你非常勇敢。

情绪管理

　　美国作家丹尼尔·戈尔曼借鉴了美国心理学家彼
得·萨洛维（Peter Salovey）和约翰·梅耶（John
Mayer）的观点，于1998年出版了《情商》一书。与
智商不同，情商与认知能力无关，而与理解我们自己
的情绪、他人的情绪，以及如何交流情感有关。情商
有五个维度：

> **了解自我**：识别情绪和情感的能力。

> **自我管理**：从挫折中恢复并管理破坏性情绪的能力。

> **自我激励**：出于个人原因实现目标的能力，无须外
部奖励。

> **共情能力**：理解他人情感的能力。

> **处理人际关系**：建立人脉和融洽关系的能力。

　　"知人者智，自知者明。"

中国古代思想家老子，公元前6世纪

不断学习
通过寻求反馈来深入
了解自我，发现别人
知道但你自己不知道
的方面。

透露信息
通过透露自己更多的
信息，来帮助他人更
好地了解你。

自知之明
要知道你还有很多方
面是你自己不知道、
别人也不了解的。

职业发展

要在管理上获得成功是需要时间和精力的。你需要了解自己、设定和评估个人目标，以及发现进步的机会。

设定目标

有效的管理包括领导他人、制定决策并承担责任，这也意味着管理工作压力很大。对于任何想从事管理工作的人来说，第一步要问问自己是否具备所需的技能和性格。想要继续进步的管理者还应该评估自己在这些领域的优势，然后确定自己的技能和想法能否跟得上时代，以及能否胜任要求更高的岗位。

为了在管理领域取得长足的发展，一定要设定目标。虽然无论走哪条道路都会出现机遇，但想要担任董事长的旅程与想要担任团队负责人的旅程肯定不同。

"管理是在通往成功的阶梯上攀登的效率。"

史蒂芬·柯维，
《高效能人士的七个习惯》，1989年

4

寻找机会

锻炼新技能，比如主动演讲。让组织里更多的人看到你有助于你的职业发展。

职业规划和管理

大多数人的职业发展是自然而然逐步进行的，有时会晋升，有时会平级调动，有时会降级。其实，职业发展没有固定的路线可循，取决于个人、工作领域和空缺的职位。尽管如此，人们还是可以按照自己选择的方向采取某些行动来推动职业发展。

1

规划路径

建立愿景，比如考虑十年后你的理想工作是什么，这份工作有什么要求。设定目标，比如你需要在什么时候达到什么标准，你可以描绘出每个阶段的成功场景。

7

保持领先

即使到达了职业生涯的最高峰，还是要继续学习，这一点很重要。指导初级员工有助于管理者与时俱进。

6

检验愿景是否还有吸引力

个人情况会发生变化，新的道路也会呈现于眼前。随着经验的积累，目标可能会改变。问一问自己是否需要调整愿景或转变方向。

5

检验进度

目标是否达到了？如果没有，为什么会这样？从成功或失败中可以学到什么？目标还合适吗？有没有发生什么改变？

3

应对挫折

重新评估价值观和目标。它们现在还适合你吗？它们切合实际吗？还有没有其他方法可以实现你的宏伟目标？或许可以平级调动一下？要知道，每个人都会遇到挫折。请重拾动力，寻找新的机会。

2

培养能力

成功不仅仅取决于知识和技能。不管什么工作，有效沟通和合作能力都至关重要。想一想你的理想职位需要哪些能力，努力培养这些能力。

建立人脉

建立人脉指在组织内外维系与不同人的关系。对于管理者来说，良好的人脉可以极大地促进业务和职业生涯的发展。

人际关系

每一位管理者都有独特的个人技能、知识和经验。在与各式各样的人建立关系时，管理者可以分享自己的优点，学习他人的长处，吸收各种专业知识。此外，建立人脉还有助于结识有影响力的人，得到发展的机会。

建立人脉的过程可分为三个阶段：确定要与哪些人联系，寻找能碰到他们的机会，维持关系。有用的人脉包括决策者、想法有趣的人，以及可以把你介绍给其他关键人物的人。要想成功建立人脉，你需要慷慨大方、积极响应、支持他人，这些都至关重要。

尽管一些建立职场人脉的社交媒体工具是结交新朋友的好途径，但面对面交流也很重要。参加由专业协会组织的非正式会议、行业活动和社交聚会都是建立人脉的绝佳机会。

六度分离理论

20世纪60年代，美国心理学家斯坦利·米尔格拉姆（Stanley Milgram）所做的研究表明，大多数人仅通过六个人就可以联系到几乎世界上的任何人。因此，广泛的人脉可以让你结识来自不同行业、不同地区和背景的人。它还可以帮助管理者提升业绩和促进职业发展。

1. 洛里

洛里是大学讲师，她在各个学科和专业领域都有着广泛的人脉。她还是墨西哥一家致力于环保的小型慈善机构的董事会成员。

5. 马特

马特是一个电动工具品牌的媒体经理，他在业余时间参加了为期六周的一门课程，而英格丽也参加了这门课程。

案例

之前

索马是一家小广告公司的人事经理，她想去一家面向全球的公司工作。她开始扩展自己的人脉，与以前大学时的朋友洛里建立了联系。

之后

洛里看见胡安发了一条推特，在与索马见面时，告诉索马，尼科的公司有一个管理岗位在招人。索马便成功地申请了该职位。

2. 胡安

胡安是一位海洋生物学家，致力于环保工作，并给多家科研机构提供专业的顾问服务。

我们可以与 **150** 个人保持有意义的人际关系。

罗宾·邓巴（Robin Dunbar），
《梳毛、八卦及语言的进化》，1996年

利用人脉

人脉是由一系列人际关系组成的，可以在日常生活中不断维系。管理者的人脉质量比数量更重要，因为一个人如果与太多的人保持联系，就不可能进行有意义的互动交流。人际关系从本质上分为两种：交易关系可以更快地带来短期收益，但从长期来看，合作关系带来的回报往往更高。

交易关系

▶各方都把交流看成获得个人收益的机会。

▶交流的结果是交易关系中最重要的一点。

▶如果发生冲突，各方最关心的是为自己争取最好的结果。

合作关系

▶各方之间的交流更加深入，重点是互相帮助和扶持。

▶每个人都会考虑各方对交流结果的感受。

▶解决冲突使所有人满意比获胜更重要。

4. 英格丽

英格丽是一位养老基金经理，负责管理一个社区组织的账目，而这个社会组织为阿米尔的项目捐过款。

6. 尼科

马特的表妹尼科是一家跨国公关公司的艺术总监。她在社交网络上分享了公司的招聘信息。马特看到了这个信息，通过社交媒体和口口相传，经过英格丽、阿米尔和胡安传到了索马那里。

3. 阿米尔

阿米尔是胡安的前同事，现在在一家国际非政府组织中负责捐赠者关系管理。这家组织为发展中国家的项目提供资金。

平衡工作与生活

管理通常是一份耗时耗力的工作，但管理者需要做的是不要让它占用太多的个人时间。平衡工作与生活对心理健康和人际关系都至关重要。

平衡很重要

工作严重超时，甚至吞噬了周末和节假日，这是目前很多职场人士遇到的普遍问题。很多组织开启了全球性业务，加上日新月异的技术，工作越来越多，事情超级繁杂。

居家办公等方式有助于人们在工作与个人责任之间取得平衡。不过，我们还需要划清工作与家庭生活之间的界限，并确保有足够的时间去放松和分散注意力，比如看电影和锻炼身体。休闲是为了享受生活，运动可以使身心健康。与朋友和家人共度时光也很重要，因为他们是我们重要的支持力量。

工作和生活

与大多数人一样，管理者必须在时间上兼顾各种事情，因此必须安排好优先要做的事情。对于某些人来说，这意味着要将工作和生活完全分开；对于另一些人来说，这意味着要将两者融合在一起。最重要的是，要找到一种适合自己的平衡。下面介绍八个经验法则，可能会有所帮助。

工作

上班时全神贯注地工作，确保按时完成任务。

▶专心工作，尽量限制一天当中被干扰的次数。

▶尽量避免社交媒体的干扰。在完成工作之前，减少触碰社交媒体的机会。

▶列出问题清单。在一天的工作结束时做这件事。

▶整理办公桌。下班前做这件事，将其视为一种仪式，这样第二天早上会更容易进入工作状态。

现在，越来越多的人意识到，每一天都要保持工作与生活的平衡，这很重要，因为工作过度会损害身心健康、工作关系和人际关系。

82%的管理者认为，灵活的工作方式对组织有利。

《灵活的工作方式》，
领导力与管理研究所

平衡工作和生活

《福布斯》杂志建议，在职父母应该从五个方面减轻自己的负担。他们应该放下自尊心，有需要时要寻求帮助。他们不应该认为必须始终平均分配时间，有时可能需要把更多的注意力放在工作或家庭上。他们不应该忽略自己的利益，私人专属时间很重要。他们不应该想让孩子一直快乐。他们也不应该内疚，全职工作并不耽误他们成为最好的父母。

生活

人际交往和休闲运动是生活中至关重要的一部分。

▶不要追求完美。试着为必要的工作分配固定的时间，以便为休闲活动留出时间。

▶将个人时间最大化。可能的话，请家政公司帮你做你可能不喜欢的琐事，比如家务。

▶与家人分享工作上的事，让孩子也参与进来，培养他们的责任感。

▶留出什么都不用做的时间，让自己放空，甚至可以暂停计划好的休闲活动。

应对压力

压力会影响身心健康，还会影响工作表现。管理者可以通过学习如何应对压力来维持自己和团队的幸福感。

意识到压力的存在

较大的压力会让我们感到无法应对一切，甚至所有事情都已失控。我们在长期的压力下也会短暂地出现这种感觉，但我们要知道压力的影响可能十分严重。在紧急情况下，人体内会释放各种激素来增强能量，比如肾上腺素。但是，长时间处于高度警觉的状态可能会带来焦虑、失眠和免疫系统减弱等不良影响。

管理者要能看到自己身上出现的压力迹象并加以控制，因为压力体现在了行为当中，比如出现注意力不集中或不寻常的发怒，会使团队成员受到影响。

生活中有些事情可能会带来较高的压力。在很多国家，组织都有法律责任为员工提供安全的工作场所，包括管理与工作相关的压力。除向上级反映问题外，员工还可以使用很多策略来增强适应力。

渡过难关

很多家庭和工作问题可能使一个人的压力超出健康范围。尽管压力很大，但很多人仍试图坚持下去，会认为屈服是软弱的标志。其实这样做只会雪上加霜。健康专家强烈建议人们控制局势，提高情感力量，维系强大的社交网络，并保持积极乐观的态度。

家庭责任

与团队成员聊天，采用走动式管理，以维系与团队成员之间的关系。

保持客观，大多数危机其实没有达到灾难级别。

压力量表

管理者要意识到生活中发生的各种事件会如何影响一个人的压力水平，这一点很重要。研究人员理查德·雷（Richard Raye）和托马斯·霍尔姆斯（Thomas Holmes）设计了一种量表，通过给每个事件分配一定的分值来测量压力。如果一个人的得分超过150分，那么这个人很可能会生病。下面列出一些影响最大的事件：

事件	分值
配偶去世	100
离婚	73
分居	65
亲人去世	63
生病或受伤	53

"一件非常了不起的事情是我们使我们的神经系统成为我们的盟友，而不是我们的敌人。"

美国哲学家和心理学家威廉·詹姆斯（William James），1890年

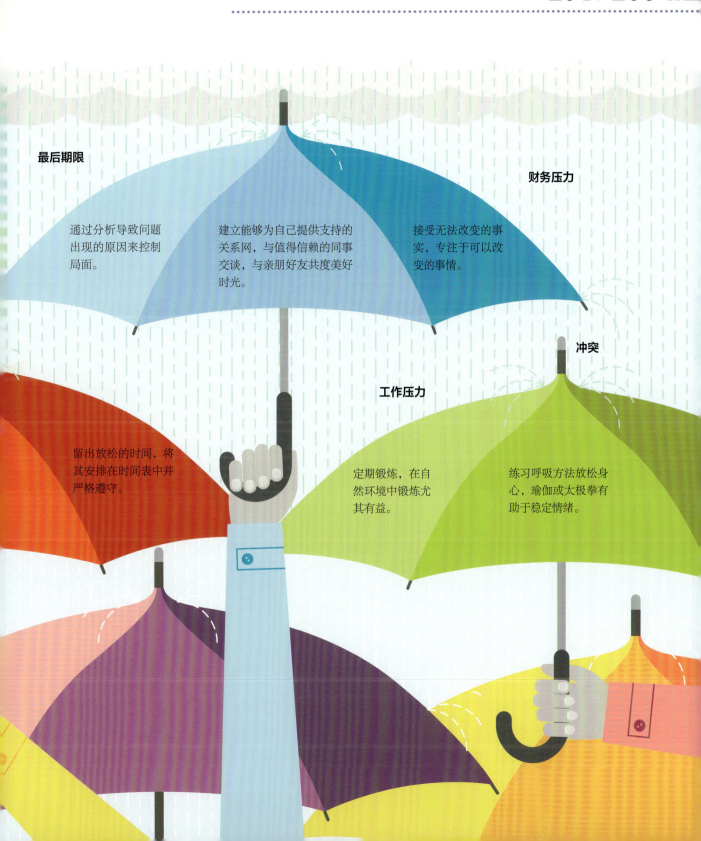

最后期限

通过分析导致问题出现的原因来控制局面。

建立能够为自己提供支持的关系网，与值得信赖的同事交谈，与亲朋好友共度美好时光。

财务压力

接受无法改变的事实，专注于可以改变的事情。

冲突

工作压力

留出放松的时间，将其安排在时间表中并严格遵守。

定期锻炼，在自然环境中锻炼尤其有益。

练习呼吸方法放松身心，瑜伽或太极拳有助于稳定情绪。

学习与成长

学习不仅有助于职业发展，还可以提高个人成就感。成长的机会不仅限于接受正规教育的那些年，成长可以成为终身的追求。

不断进步

学习指获得知识和技能的过程，而成长指对这些技能的逐步掌握，将知识付诸实践，并将其融入日常工作。两者对管理者的职业成长都很重要。

想获得成功，关键要拥有正确的思维模式。心理学家卡罗尔·德韦克教授（Carol Dweck）在2006年出版的《终身成长》一书中谈到了"成长型思维"。这种思维使人们相信他们不受环境的限制，可以抓住学习和成长的机会。

此外，管理者还要积极地将学习过程落实到位。组织可能会为管理者提供持续的培训，但他们也可以自己想办法进步，比如及时从上下级获得反馈来帮助自己找到盲点。管理者还可以做个人评估，给自己担任的角色所需的关键技能打分，并找到需要改进的地方。这些发现可以作为管理者制订个人成长计划的一部分。

重新评估
随着环境的变化和新机会的出现，管理者要重新评估个人成长计划，看它是否仍然有效。

天天向上

促进职业发展的成长计划包括一系列问题和答案，还包括实现目标的时间表。最开始可以描绘的愿景，比如，未来是什么样的？要实现这个愿景，需要学习什么也要加以考虑。太大的目标可能会令人生畏，因此应该将成长分解为一个个较小的里程碑。此外，成长计划应该包括正式学习和非正式学习。

"你不是通过遵守规则学会走路的，你是在实践里从不断跌倒中学会的。"

理查德·布兰森（Richard Branson），2014年

超过**80%**的高级专业人士认为，高管教育
和领导力训练提高了他们的技能。

特雷维桑商业学校校长范戴克·西尔韦拉
（VanDyck Silveira），2017年

非正式学习
这是一个持续的过程，要
密切关注事情是如何运作
的，并注意观察他人。

飞跃式成长
尝试新的学习方法、培养新
的技能、保持好奇心都有助
于培养积极进取的心态。

正式学习
正式学习指安排有序的课堂学
习或在线学习。课程通常由机
构提供，结业考试合格后可以
获得相应的资格证书。

非正式学习

　　管理者的经验大多来自工作中的非正式学习，特别是具有挑战
性的项目。

❯失败中有很多可以学习的东西，有助于管理者思考如何更好地
处理问题。

❯冒险会让管理者走出舒适区。接受挑战、尝试新鲜事物会丰富管
理者的经验，并有助于扩展管理者的知识和技能。

❯寻求反馈并接受反馈，管理者可以看到自己的行为在他人看来如
何，以及怎样进行改进。

学习风格

员工培训绝不应该采用普适性的培训方案。管理者如果了解自己和员工通过哪种学习方法可以达到最佳学习效果，就可以选择最有效的培训方式。

通往学习目标的途径

自20世纪70年代，研究人员探索了人们喜欢的各种学习方式。他们的研究成果有助于管理者确定员工的最佳学习方式，并将其与适当的培训课程结合起来。

有三种著名的学习风格模型，它们分别是：沃尔特·巴布（Walter Barbc）于1979年提出的VAK模型，该模型探讨了人们吸收知识的方式；理查德·费尔德和琳达·西尔弗曼1988年提出的费尔德-西尔弗曼模型，该模型将学习风格与人格类型联系起来；邓恩夫妇于1978年提出的邓恩模型，该模型侧重于可能影响个人学习方式

的因素。此外，还有很多其他学习风格模型，比如霍尼和芒福德模型，该模型将理论家戴维·科尔布（David Kolb）的四阶段学习周期与四种性格联系起来，每种性格最适合四个学习阶段中的一个（参见右图）。

基于这些模型设计的一系列问卷可以帮助员工发现自己喜欢的学习风格。随着技术的进步，课程的形式变得多种多样，人们很容易找到适合自己风格的培训内容。学习风格没有好坏之分，但有时人们要离开舒适区采用新的学习方式。

"学习是将经验转化为知识的创造过程。"

美国教育理论家戴维·科尔布，1971年

体验

行动型
这种性格的人喜欢尝试并沉浸在新的体验中。不过，他们可能有些急性子，会冒不必要的风险。

实践和检验

实用型
这种性格的人喜欢将他们的知识应用于现实世界。他们不太热衷于研究理论，而是喜欢不断尝试与实践。

检验

学习周期

1984年，戴维·科尔布提出了四阶段学习周期的概念，如右图外圈所示。首先是具体体验，然后进行反思，再总结形成抽象的概念，最后进行检验。1986年，彼得·霍尼（Peter Honey）和艾伦·芒福德（Alan Mumford）在此基础上确定了四种性格，分别对应这四个阶段。其中，行动型喜欢动手实践，反思型喜欢思考问题，理论型喜欢形成想法，实用型喜欢运用知识。

亲身体验

反思

反思型
这种性格的人喜欢观察、收集信息和反思过去。他们往往细心周到，会三思而行。

学习周期
正如戴维·科尔布所解释的那样，有效的学习周期分为四个阶段。彼得·霍尼和艾伦·芒福德提出了四种性格，每个阶段最适合其中一种性格。

观察和反思

理论型
这种性格的人喜欢与事实和理论为伍，喜欢针对信息提出问题并加以分析，喜欢创建逻辑模型。他们不太适合没有组织纪律的工作环境。

概括和提炼

总结

VAK模型

美国人沃尔特·巴布通过VAK模型描述了三种学习风格。大多数人更喜欢其中一种风格，但往往三种会同时使用。

▶ **视觉**：通过看或写来学习。

▶ **听觉**：通过听来学习。

▶ **动觉**：通过做来学习。

费尔德-西尔弗曼模型

工程学教授理查德·费尔德（Richard Felder）和心理学家琳达·西尔弗曼（Linda Silverman）在VAK模型的基础上，将学习风格与性格类型联系起来。

▶ **感知**：喜欢具体的思考和事实。

▶ **直觉**：喜欢概念和想法。

▶ **语言**：喜欢书面和口头信息。

▶ **视觉**：喜欢图表和图像。

▶ **活动**：喜欢尝试。

▶ **反思**：喜欢思考，常常独自思考。

▶ **有序**：喜欢按部就班。

▶ **整体**：喜欢大局观和整体思维。

邓恩模型

20世纪70年代，美国教授丽塔·邓恩（Rita Dunn）和肯尼思·邓恩（Kenneth Dunn）夫妇回顾了过去80年来有关儿童学习方式的研究。他们发现了五种偏好，有助于确定儿童的最佳学习环境，这同样适用于成年人。

▶ **环境**：噪声、光线和温度对学习者有什么影响？

▶ **情感**：学习者是否需要安排、指导和动机支持？

▶ **社会**：学习者喜欢独自学习还是小组学习？

▶ **生理**：学习者在一天中什么时候学得最好？

▶ **心理**：学习者处理信息的方式是分析型的、反思型的，还是冲动型的？

保持警觉

管理者在开始新业务或新项目时应该保持乐观，但也要保持一定程度的谨慎，并对可能出现的陷阱保持警觉，这样会提高成功率。

找到平衡

为了使新项目蓬勃发展，管理者必须对员工、系统、流程和技术充满信心。但是事实证明，盲目信任是危险的。比如说，管理者可能会因为对某个人或某个想法深信不疑而忽略了危险信号。因此，管理者必须在"相信一切都会按计划进行"和"不断复核"之间取得平衡。不断复核不仅浪费时间，还会磨灭员工的积极性，让他们觉得自己不受信任。在竞争激烈的组织中，保持不信任和怀疑的态度并不罕见，但如果做过了头，就会成

展望未来

英特尔公司的创始人安迪·格鲁夫（Andy Grove）在1996年出版的畅销书《只有偏执狂才能生存》中阐述了他对成功的看法。他警告说，成功会滋生自满，而自满会导致失败。在某些商业环境中，一定程度的恐惧可能是有益的。他认为，最优秀的管理者会一直提防将要出现的威胁，他们总会有一定程度的偏执。格鲁夫创造了"战略拐点"的概念，用来描述变革面对威胁不可避免的拐点时刻。他表示，管理者应对战略拐点的方式决定着组织的存亡。

战略拐点

成长阶段

2. 拐点

尽管项目获得了成功，但管理者必须对经营环境的任何变化保持警觉。越早发现威胁，就可以越早采取行动。这些拐点要求管理者改变经营方式。

1. 起步

组织发布了新产品或新服务。如果经营环境有利，那么这个项目从一开始就可能是成功的。

为偏执狂。如果这种状态持续存在，它不仅有损个人和职业发展，还会瓦解管理层与员工的重要关系。

最好的解决方法不是假设会出现差错，而是要保持警觉，能够识别危险信号，并为未来可能出现的问题做好应对计划。关键的一点是，管理者需要注意来自外部的威胁，尤其是竞争对手在经营环境中构成的威胁。

3a. 成功

新的创意可能会将项目带入新的成长期。但是，管理者不应沾沾自喜，因为将来他们会面临更多的拐点。

进一步成长

衰退

"没有准备的人，就是在准备失败。"
美国开国元勋之一本杰明·富兰克林（Benjamin Franklin）

案例研究

英特尔改变经营方向

美国科技公司英特尔在1968年成立时，主要生产计算机的存储芯片。但是，20世纪70年代，英特尔面临一个战略拐点——日本公司在内存市场上占据主导地位。于是，在安迪·格鲁夫的领导下，英特尔改变了经营方向，开始生产微处理器，这一决定使英特尔免于衰败，并重新走上了成功之路。

3b. 失败

如果组织未能做出改变，那么项目就不会成功。组织也无法与已经适应了新环境的对手进行竞争。

责任担当

管理者必须勇于承担责任，也就是要对自己的工作负责，并接受任何结果。这是出色的管理表现的关键。

承担责任

管理者要承担责任并为结果"买单"。举个例子，办公室里最后走的那个人要负责把门锁上，以确保办公室的安全。但是，如果办公室被盗，要承担责任的就是管理者。管理者必须展开调查、向上级汇报情况，并确保这种事情不再发生。

管理者不仅要为自己的行为负责，还要为下属的行为负责。不过，这并不是说不管发生什么问题，管理者都要当替罪羊。举个例子，如果项目未能按期完成，管理者应该负责，

团队责任心

管理者不仅要对自己的行为、决策和组织的命运负责，还要给员工注入责任心。就像管理者要向上级汇报并对自己团队的行为负责一样，团队中的每个人也应该向自己的领导汇报，并对自己的行为负责。也就是说，每个人都是组织的一分子，都应该对结果负责。

掌管一切
管理者应该对一切了如指掌，并确保每个人都会承担责任。至关重要的是，管理者还要承认自己会对团队负责。

引导团队
光做好一份工作是不够的，支持他人、不把问题归咎于他人对团队合作很重要。

但也应该调查谁犯了错，并与此人谈话。因此，管理者也应该鼓励员工对自己的工作负责。负责任的员工会提高绩效，有助于维持积极的道德文化。没有问责制，人们往往会互相指责，这样解决不了问题，也改善不了组织面临的局面。

学会承担责任

承担责任需要勇气，因为这通常意味着：

▶ 要与别人就绩效进行高难度的对话。
▶ 确保每个人都了解自己的责任。
▶ 要为团队的更大利益做出艰难的决定。
▶ 根据相互矛盾的证据做出判断。

▶ 对发生的事情实话实说。
▶ 为了正确的事而牺牲自己的利益。
▶ 注意自己的言行。

接受责任
每个团队成员都应发挥自己的作用，确保尽最大能力履行职责。

"有责任担当会带来数不胜数的好处和可能性。"

杰伊·费塞特（Jay Fiset），《重塑责任》，2006年

塑造正确的文化

管理者要想鼓励团队成员勇于承担责任，自己就要以身作则。此外，管理者还要让团队成员参与决策，这样他们才能充分认识到自己的责任。

培养新习惯

最优秀的管理者不仅会关注自己的团队，还会分析自己的行为，并认识到自己对他人的影响。

自我分析

在繁忙且压力不断的工作中，管理者必须抽出时间思考自己的行为会如何影响他人。自我分析绝不是没有安全感的象征，而是自我成长的重要组成部分。没有自我分析，管理者可能无法取得成功。

管理者需要在并非所有事实都已知的情况下做出判断。为了做出准确的判断，管理者必须了解自己的价值观和信念，并认识到自己的偏见会如何影响自己看待特定情况的方式。管理者还需要明白，其他人可能会有不同的看法。最后，管理者必须知道要实现什么样的目标及什么是好的结果。管理者必须考虑所有这些因素，从而制定最有效的行动方案。

例行的行为

自我了解是一个好的开始，但如果变革即将到来，管理者就必须形成新的习惯，这一点至关重要。习惯指例行的行为，包括有意识的和无意识的行为，这些行为会不断地重复。说起习惯，人们通常想到的是纯粹的身体上的习惯，比如每天早晨散步。但是，每个人还有自己的思维习惯。反思自己的思维习惯，并接受新的积极的思维模式，这对成功至关重要。

主动行动
积极主动的管理者会对问题负责，他们知道自己能掌控这些问题并主动解决问题。

七个习惯

1989年，美国商人史蒂芬·柯维撰写了畅销书《高效能人士的七个习惯》。这本书给无数人带来了启发，使他们做出了更好的决定，建立了更牢靠的关系。柯维在书中提出了人们为了改善生活而应该培养的七个习惯。前三个习惯主要在于从依赖到独立的转变，还有三个习惯讲的是合作，最后一个习惯则与持续成长和更新有关。虽然这本书针对的是大众，但这些习惯对管理者也很适用。

尊重他人
最优秀的管理者都拥有双赢思维。这意味着他们能够理解他人的立场，解决问题时能为所有人考虑，而不仅仅为自己考虑。

以终为始

2

展望未来

成功的管理者知道他们想要实现
的目标，并牢记最终目标。这有
助于他们了解到达目的地所需的
行动。

要事第一

3

优先排序

在确定任务的优先级时，优秀的管
理者不仅会考虑哪个任务最紧急，
还会考虑哪个任务最重要。

> "学会做照亮他人的
> 蜡烛，而不是评判对
> 错的法官；以身作
> 则，而不要一心挑
> 错；解决问题，而不
> 要制造事端。"
>
> 史蒂芬·柯维，
> 《高效能人士的七个习惯》，
> 1989年

知彼解己

5

了解问题

高情商的管理者不会急于寻求解决
方案，而会先倾听问题是什么，并
尝试站在他人的角度看问题。

统合综效

6

考虑其他观点

倾听他人的观点可以使具有建设性
的管理者充分发挥自己的优势，弥
补自己的劣势，丰富自己的想法。

不断更新

7

持续成长

高效的管理者会保持敏捷的头脑，
不断进行自我更新和成长，使自己
更高效。

原著索引

致谢

Dorling Kindersley would like to thank Matthew Williams for additional writing; Alethea Doran and Jemima Dunne for editing; Janashree Singha, Steve Stetford, and Debra Wolter for proofreading; and Vanessa Bird for indexing.

Credits

p.30_31 IT management '*How much data do we create every day?*' Marr. B;. Forbes, 2018; **p.100 Consequence model** *The Decison Book*, Krogus & Tschäppeler, 2008 (b). **p.122–123 MBO model** *The Practice of Management*, Drucker, P., 1954; **BSC theory** "The Balanced Scorecard", Kaplan and Norton, 1992. **p.146 FSNP model** "Developmental Sequence in Small Groups", Bruce Tuckman, *Psychological Bulletin*, 1965. **p.196 The Johari Window** *The Johari Window*, Luft and Ingram, 1995. **p.208–209 VAK model** *Teaching through modality strengths: concepts practices*, Walter, B., 1979; **Felder-Silverman model** *Learning and teaching styles in engineering education*, Felder and Silverman, 1988; **Dunn and Dunn model** *Teaching students through their individual learning styles*, Dunn, R. and Dunn K., 1978; **Four-stage learning** *Experiential Learning: Experience as the source of learning and development*, Kolb, D.A., 1984. **p.210–211 Strategic inflection point graph** *Only the Paranoid Survive*, Grove, A., 1996.